AF666585

Émancipation et révolution biologique selon Habermas

© L'Harmattan, 2015
5-7, rue de l'Ecole-Polytechnique, 75005 Paris

http://www.harmattan.fr
diffusion.harmattan@wanadoo.fr
harmattan1@wanadoo.fr

ISBN : 978-2-343-06516-8
EAN : 9782343065168

Adolphe-Dieumerci BONYANGA BOKELE

Émancipation et révolution biologique selon Habermas

Une réflexion critique sur le pouvoir du savoir scientifique

L'Harmattan

Ouverture philosophique

Collection dirigée par Aline Caillet, Dominique Chateau, Jean-Marc Lachaud et Bruno Péquignot

Une collection d'ouvrages qui se propose d'accueillir des travaux originaux sans exclusive d'écoles ou de thématiques.

Il s'agit de favoriser la confrontation de recherches et des réflexions, qu'elles soient le fait de philosophes « professionnels » ou non. On n'y confondra donc pas la philosophie avec une discipline académique ; elle est réputée être le fait de tous ceux qu'habite la passion de penser, qu'ils soient professeurs de philosophie, spécialistes des sciences humaines, sociales ou naturelles, ou… polisseurs de verres de lunettes astronomiques.

Dernières parutions

Olivier LAHBIB, *Phénoménisme et empiriocriticisme*, 2015.

Camille LACAU ST GUILY, *Henri Bergson en Espagne. Une histoire contrariée (1875-1930)*, 2015.

Guylain BERNIER, *La Vidéo de soi sur Internet : rendre visible sa différence. Au-delà de la technologie, les fondements sociaux*, 2015.

Jean PIWNICA, *Le temps des philosophes,* 2015.

Robert PUJADE, *Fantastique et Photographie, Essai sur les limites de la représentation photographique*, 2015.

Nassim EL KABLI, *La Rupture. Philosophie d'une expérience ordinaire*, 2015.

Laurent CHERLONNEIX, *De la volonté de vérité à la Mort de dieu*, 2015.

Paul DUBOUCHET, *De Georg Wilhem Friedrich Hegel à René Girard. Violence du droit, religion et science*, 2015.

Oscar BRENIFIER, *Apologie de la métaphysique. Ou l'art de la conversion*, 2015.

Reza ROKOEE, *L'attitude phénoménologique comparée, de Husserl à Avicenne*, 2015.

A mon père Stanislas Batshingi Nkoy
A ma mère Régine Ikopo Mbongi

Je dédie ce livre

« Ce que nous percevons des développements de la technologie génétique, et qui nous les fait craindre, porte atteinte à l'image que nous nous étions constitués de nous-mêmes en tant que nous participons de cet être culturel, d'essence générique, qu'est l'« Homme » – or il semble bien qu'on ne puisse substituer aucune image à celle-là »

J. HABERMAS, *L'avenir de la nature humaine,* p. 64.

« Je n'ai qu'une excuse, mais je la crois légitime : le devoir qui s'impose, aujourd'hui plus que jamais, aux hommes de science de penser leur discipline dans l'ensemble de la culture moderne pour l'enrichir non seulement de connaissances techniquement importantes, mais aussi des idées venues de leur science qu'ils peuvent croire humainement signifiantes »

J. MONOD, *Le hasard et la nécessité*, p. 13.

AVANT-PROPOS

Nous publions dans ce texte le travail de recherche doctorale que nous avons réalisé et défendu à la Faculté de philosophie de l'Université Catholique de Louvain, en Belgique, le 9 septembre 2013, sous le titre « Habermas et la question de l'émancipation à l'aune de la révolution biologique. Une réflexion critique sur le pouvoir du savoir scientifique ».

Les quelques corrections et approfondissements que nous venons d'y apporter résultent sans doute de très fructueux échanges que nous avons eus lors du débat avec les membres du jury. Qu'ils en soient tous remerciés : les professeurs Bernard Feltz, promoteur de la thèse ; Danielle Lories, présidente du jury ; Mark Hunyadi, Stéphane Leyens et José-Maria Acquire, lecteurs.

Nous réitérons également notre profonde gratitude à l'égard de Missio Aachen d'Allemagne pour avoir financé nos recherches doctorales. Que Mgr Jan Dumon soit spécialement reconnu pour sa générosité et son intervention spéciale auprès de Missio. Une mention spéciale à l'endroit de l'abbé Léon Iyenga qui m'avait accueilli et donné un cadre propice pour réaliser ce travail, sans oublier les abbés Jean-Marie Belanga et Philippe Bovundja pour leur soutien. Que Nicole et Guy Michaux trouvent ici l'expression de ma très profonde gratitude pour leur inoubliable marque d'amitié.

Michèle Libote, les abbés Basile Ekanga, Don-Jean Belambo, Damien Etshindo, Justin Etotshi et Apollinaire Khenda ont volontiers accepté de relire mon manuscrit. Qu'ils en soient remerciés, sans oublier l'honorable député Evariste Vetshi pour ses marques de sympathie.

Ado-Dieumerci BONYANGA

Sigles des ouvrages cités de Habermas
(Éditions françaises)

AM :	*Après Marx* (1997)
ANH :	*L'avenir de la nature humaine. Vers un eugénisme libéral ?* (2002)
CI :	*Connaissance et intérêt* (1976)
DD :	*Droit et démocratie. Entre faits et normes* (1997)
DM :	*Droit et morale. Tanner Lectures* (1997)
DPM :	*Le discours philosophique de la modernité* (1988)
ED :	*De l'éthique de la discussion* (2006).
EDQV :	*L'éthique de la discussion et la question de la vérité* (2003)
ENR :	*Entre naturalisme et religion. Les défis de la démocratie* (*2008*).
EP :	*L'espace public. Archéologie de la publicité comme dimension constitutive de la société bourgeoise* (1986)
ET-EP :	*Une époque de transition. Ecrits politiques 1998-2000* (*2005*)
IC :	*Idéalisations et communication. Agir communicationnel et usage de la raison* (2006)
IR :	*L'intégration républicaine. Essais de théorie politique* (1998).
LSSAE :	*Logique des sciences sociales et autres essais* (1987)
MC :	*Morale et communication. Conscience morale et activité communicationnelle* (1986)
PP-BIK :	*La paix perpétuelle. Le bicentenaire d'une idée kantienne* (1996)
PP-EP :	*La pensée postmétaphysique. Essais philosophiques* (1993)
PPP :	*Profils philosophiques et politiques* (1974)

RL : *Raison et légitimité. Problèmes de légitimation dans le capitalisme avancé* (2012)

RR : *Raison et religion. La dialectique de la sécularisation* (2010)

TAC1 : *Théorie de l'agir communicationnel. T.1. Rationalité de l'agir et rationalisation de la société* (1987).

TAC2 : *Théorie de l'agir communicationnel. T.2. Pour une critique de la raison fonctionnaliste* (1987).

TP2 : *Théorie et pratique*, T. 2. *Critique de la politique* (1975).

TSI : *La technique et la science comme « idéologie »* (1973)

VJ : *Vérité et justification* (2001)

INTRODUCTION

Dans *Une époque de transition,* Jürgen Habermas*, philosophe et sociologue allemand très connu pour ses travaux en éthique de la discussion, fait une mise au point très intéressante par rapport aux progrès des biosciences et de leurs redoutables applications : « La biologie ne peut pas nous épargner les réflexions morales. Il ne faudrait pas que la bioéthique nous conduise dans les impasses du biologisme »[1].

Les biosciences sont l'ensemble des recherches consacrées à l'étude des êtres vivants à partir des propriétés et des structures des macromolécules constitutives de leurs cellules. La biologie moléculaire et la

---

* Né en 1929 à Düsseldorf, Habermas a grandi dans le milieu bourgeois d'une petite ville de province (Gummersbach). Sa biographie est celle d'un universitaire. En 1954, il passe son doctorat (*Promotion*) sur Schelling (*Das Absolute und die Geschichte).* Il consacrera ensuite une étude spéciale sur l'histoire du concept d'idéologie. De 1956 à 1959, il connaît Theodor Adorno dont il deviendra assistant à l'Institut des sciences sociales, fondé en 1923, qui deviendra le noyau institutionnel de l'Ecole de Francfort. C'est dans cette Ecole qu'il deviendra sociologue, participant à des recherches empiriques, auprès de Horkheimer et d'Adorno. En 1961, à l'Université de Marburg, il soutient sa grande thèse (*Habilitation*) en sciences politiques, sous la direction de Wolfgang Abendroth, publiée en 1962 sous le titre retenu en français de *L'espace public* (Cf. D. HUISMAN, *Dictionnaire des philosophes*, Paris, PUF, 1984, p. 1237).

[1] *ET-EP*, p. 238.

neurophysiologie, par exemple, attestent l'existence du lien de causalité entre les états mentaux et les comportements individuels à partir des états physico-chimiques du cerveau[2]. Ainsi donc, le mécanisme et le déterminisme des différentes activités humaines étant fondés biologiquement, la possibilité de transformer génétiquement l'humain commence à trouver ses légitimations purement scientifiques. C'est le cas de le dire, telle est la vision posthumaniste de l'humain :

> *Le XXIe siècle sera celui de toutes les révolutions scientifiques et médicales. La conception même de l'homme et du vivant va changer. [...]. C'est inéluctable [...]. L'homme va vivre plus longtemps, rester jeune, efficace pendant de nombreuses années. Les enfants ne seront plus conçus de la même façon ; les animaux, les plantes, les machines et les clones viendront en aide à ce mutant en quête d'une éternité désormais envisageable. Ce sera sans nul doute passionnant et gratifiant. À condition que l'être humain prenne garde, sur le plan éthique, de ne pas dévoyer le progrès*[3].

Pour Dominique Lecourt, les nouvelles méthodes de procréation nous incitent à modifier jusqu'à la compréhension que chacun d'entre nous peut se faire de lui-même en tant qu'être humain[4]. Voilà pourquoi au lieu de dénoncer la technique comme une puissance mortifère, alors qu'elle laisse espérer à chacun d'entre nous de devoir différer sa mort et lui offre les moyens d'alléger les souffrances qui la précèdent, on devrait plutôt saluer le fait

[2] J-P. CHANGEUX, *L'homme neuronal*, Paris, Fayard, 1983, p. 7-8.

[3] B. DEBRE, cité par L-M. POAMÉ, « L'idéologie du progrès dans une Afrique en mutation », in V. ANDRE, J-P. CONTZEN et G. HOTTOIS, *L'idéologie du progrès dans la tourmentante du postmodernisme,* Bruxelles, Académie royale de Belgique, 2012, p, 212.

[4] D. LECOURT, *Humain, posthumain,* Paris, PUF, 2003, p. 6.

qu'elle vient améliorer et enrichir la vie humaine, diversifier notre art de donner la vie[5].

A la suite de Habermas, il y a lieu de considérer que la révolution biologique relance vivement le débat sur les fondements de l'émancipation. Car il ne s'agit pas simplement de la rationalisation de l'action et des formes de vie sociales, mais aussi de la transformation biologique de l'organisme humain, de son amélioration par des dispositions technologiques, en vue de son bien-être. Que signifie le concept du bien-être du point de vue scientifique ?

L'enjeu est de taille. Si nous réfléchissons en termes des conditions de possibilité de l'autodétermination, nous verrons que le naturalisme s'ouvre au rationalisme et inversement. Les deux s'intriquent du point de vue l'autocompréhension de l'espèce humaine (*Gattungsethik*) où il est impossible de récuser le dualisme épistémique de l'homme comme un être-vivant naturel et culturel, corps et esprit. Néanmoins, la biologisation de la question humaine, c'est-à-dire la réduction naturaliste de la pensée et de la conscience, jusqu'à la réfutation même de la liberté et de l'autonomie du sujet moral, est un réel défi philosophique à relever aujourd'hui.

« Qui sommes-nous et qui voulons-nous être ? »[6], se demande profondément Habermas, en vue d'étayer la mise en garde précédemment évoquée. Et de renchérir dans *L'avenir de la nature humaine* :

> *Voulons-nous encore simplement nous comprendre comme des êtres normatifs, allons plus loin, des êtres qui attendent les uns des autres une responsabilité solidaire et un égal respect les uns pour les autres ? Quel statut faudrait-il conférer au droit et à la morale pour qu'un échange social*

---

[5] *Ibid.*, p. 29.

[6] *ET-EP*, p. 264.

puisse aussi s'adapter à ces concepts fonctionnalistes, dépourvus des normes ?[7].

De l'avis de Habermas, la plupart des hypothèses mises en débat par rapport à ces questions anthropologiques fondamentales sont avant tout naturalistes, dont les propositions adolescentes sur l'intelligence artificielle supérieure des générations futures de robots. De telles hypothèses ont quelque chose de spécifique : elles portent atteinte à l'image que nous nous étions constitués de nous-mêmes en tant que nous participons de cet être culturel, d'essence générique qu'est l'« Homme », image à laquelle on ne peut substituer aucune autre[8]. Très précisément, ce qui nécessite d'éveiller les consciences sur le développement de la technologie génétique, c'est qu'elle n'est pas épargnée de l'idéologie capitaliste :

> *La recherche biogénétique se trouvant prise dans un pacte où s'allient le profit de l'investisseur et la pression de gouvernements nationaux qui réclament la réussite, le développement des biotechnologies déploie une dynamique qui menace de prendre le pas sur les processus de clarification normative à l'œuvre dans la sphère publique, lesquels processus sont de longue haleine*[9].

« Jouera-t-on les apprentis sorciers ? Que permettre et que faut-il empêcher des prouesses de laboratoire ? Pourquoi et au nom de quels dangers ? Jusqu'où aller. Ces interrogations ne dépassent-elles pas le cadre d'une science expérimentale ? »[10], se demande le médecin et philosophe François Dagognet. En fait, à la différence de la science d'hier qui s'approchait du vivant, l'apprivoisait, s'efforçait d'en percer les énigmes, tels que le cœur qui

---

[7] *ANH*, p. 29.
[8] *Ibid.*, p. 64.
[9] *Ibid.*, p. 33.
[10] F. DAGOGNET, *Le vivant*, Paris, Bordas, 1988, p. 4.

bat, le mouvement qui s'exécute, l'individu qui se reproduit, etc., la néo-biologie prend un autre chemin, celui du laboratoire, et entreprend d'arracher à la vie son secret, et pourquoi pas se substituer à elle »[11].

Mais à partir du moment où la conception de l'homme se réduit à ce qui est objectivement observable dans le laboratoire, l'idéologie des biosciences et des biotechnologies est telle qu'elle met en doute toutes les présuppositions éthiques universelles autour desquelles un consensus pratique a été formé. C'est le cas de l'universalisme égalitaire qui présuppose que tous les êtres humains sont égaux en droit et chacun est unique pour déterminer sa vie. Rien de plus, l'eugénisme libéral, autrement dit les techniques biomédicales de l'hétéro-détermination technologique, porte moralement atteinte à l'idée de l'autonomie et de la responsabilité plénière du sujet. C'est l'hypothèse principale qui engage théoriquement Habermas dans la réfutation du naturalisme radical :

> *Les choses étant ce qu'elles sont, l'éthique du pouvoir-être-soi-même devient une possibilité parmi d'autres. [...]. Il semble bien plutôt que la question anthropologique originaire de « la vie qu'il faut mener » se renouvelle à un niveau de généralité anthropologique jusque-là inconnu. Les nouvelles technologies nous imposent une discussion publique sur la compréhension qu'il faut avoir des formes de vie culturelles en tant que telles. Or les philosophes n'ont plus de bonnes raisons pour abandonner un tel objet de controverses à des bioscientifiques et à des ingénieurs exaltés par la science-fiction*[12].

L'enjeu est de taille. Revenu à la réalité, pourrait-on dire, après les abstractions de l'éthique de la discussion,

---

[11] *Ibid.,* p. 132.
[12] *Ibid.,* p. 29.

Habermas nous incite à confirmer le pouvoir du savoir scientifique, lequel pouvoir est ambivalent. Comme le dit mieux Bernard Feltz, « la science est un incontournable de l'humanité » dans la mesure où elle participe directement à la libération et à l'émancipation de l'homme. Cependant, l'alliance avec la technique et l'économie joue également à la déstructuration des cultures[13].

Tout au long de l'histoire de la modernité, l'idée que la science est source d'émancipation ne fait pas de doute. Pour René Descartes, l'approfondissement de la connaissance constitue un accroissement du pouvoir, car la science peut nous rendre comme maîtres et possesseurs de la nature[14]. Quant à Francis Bacon, la science vise à améliorer le sort de l'homme sur terre, but qui peut être atteint en réunissant des faits par une double observation méthodique, empirique et expérimentale, d'où découlent des théories[15]. Ces convictions se résument dans cette profession de foi en la science, proclamée et inscrite un siècle après Newton, en 1784, dans la boule du clocher de l'église Sainte-Marguerite, à Gotha :

> *Nos jours ont rempli l'époque la plus heureuse du XVIIIe siècle... La haine religieuse et la contrainte des consciences disparaissent ; l'amour du prochain et la liberté de pensée l'emportent. Les arts et les sciences fleurissent, et nos regards pénètrent profondément dans l'atelier de la nature. Les artisans se rapprochent de la perfection des artistes ; des connaissances utiles germent dans toutes les classes de*

---

[13] Cf. B. FELTZ, « Sciences, croyances et diversité culturelle », in *Sciences et croyances. Quelle place pour la démarche scientifique en Europe ? Actes du colloque du 18 novembre 2010*, Bruxelles, CAL, p. 68.

[14] Cf. R. DESCARTES, cité par G. ROMBI, *Dimensions de la science*, Paris, Hachette, 1973, p. 7.

[15] Cf. F. BACON, cité par A.-F. CHALMERS, *Qu'est-ce que la science ? Popper, Kuhn, Feyerabend,* Paris, Ed. La découverte, 1987, p. 17.

la société. Vous avez ici une description fidèle de notre temps... Agissez de même pour votre postérité et soyez heureux ![16].

Oppenheimer, qui reprend cette déclaration, voudrait souligner le fait que la science moderne a permis d'améliorer les conditions de vie de l'homme sur la terre : elle en a changé les conditions matérielles, transfiguré les sociétés où nous vivons, aimons, apprenons et agissons ; en un mot, les idées scientifiques ont renouvelé la conception que les hommes se font d'eux-mêmes et de l'univers[17]. Dans le même ordre d'idées, très récemment, à l'aube du troisième millénaire, l'Organisation des Nations-Unies pour l'éducation, la science et la culture (UNESCO) déclare : « Toutes les cultures peuvent contribuer au savoir scientifique universel. Les sciences doivent être au service de l'humanité tout entière ; elles doivent contribuer à donner à tous une compréhension plus approfondie de la nature et de la société, à leur assurer une meilleure qualité de vie et à offrir aux générations présentes et futures un environnement durable et sain »[18].

Il va sans dire que l'impact de la science dans le développement sociétal est indéniable. Comme le dirait autrement Anne Fagot-Largeault, « la puissance scientifique n'est pas seulement un facteur de développement économique et du prestige politique des nations, elle ouvre à notre espèce un univers des possibles et la liberté d'une « création continuée, y compris d'une autocréation

---

[16] J-R. OPPENHEIMER, *La science et le bon sens,* Paris, Gallimard, 1955, p. 103.

[17] *Ibid.,* p. 11.

[18] UNESCO, « *La science pour le XXIe siècle : Un nouvel engagement* » (Déclaration de l'Assemblée générale de l'Unesco tenue à Budapest, du 26 juin au 01 juillet 1999), in *www.unesco.org/science/wcs/frer.htm.*

(anthropotechnique)»[19]. Pour toutes ces raisons, il y a lieu de réitérer l'espoir de l'*Aufklärung* selon lequel en développant la science nous pouvons acquérir des connaissances sur la réalité du monde, connaissances grâce auxquelles nous pouvons accroître notre puissance et organiser notre vie[20].

Paradoxalement, c'est aussi grâce à la science que l'homme a acquis en un laps de temps extrêmement court un pouvoir jamais atteint dans le passé. Il a su soumettre et maîtriser d'une façon quasi fataliste les lois de la nature. Pour la première fois dans l'histoire de l'humanité, la maîtrise des lois naturelles a donné aussi à l'homme la capacité de détruire, d'une manière irréversible, les fragiles équilibres de l'écosphère et la biosphère et leurs mutuels conditionnements. Si on n'y prend pas garde, cette domination pourrait se renverser en totalité (effet de serre, menace sur la couche d'ozone, pollution de l'eau, pluies acides, déforestation, radioactivité, menace sur les espèces vivantes, et sur l'évolution même de l'espèce humaine)[21]. Prolongeons la liste : « l'enlaidissement et la pollution de la nature, le gaspillage des ressources qu'elle nous offre, la destruction des équilibres écologiques, bref toute la litanie des fléaux provoqués par des applications industrielles de la science ; à quoi il faut ajouter que si l'homme use de cette puissance pour dominer le monde, il l'emploie aussi à dominer l'homme, à l'asservir non seulement par les armes effroyables que les savants lui prodiguent, par l'esclavage auquel la machine soumet des millions d'êtres, mais encore par des techniques

---

[19] A. FAGOT-LARGEAULT, « Préface », in G. HOTTOIS, *Philosophie des sciences, philosophie des techniques*, Paris, Odile Jacob, 2004, p. 9.
[20] *CI*, p. 315.
[21] R. SIMON, *Ethique de la responsabilité*, Paris, Cerf, 1993.p. 7-8.

psychologiques et économiques plus subtiles parfois, mais aussi efficaces »[22].

En fait, le problème n'est pas la science en tant que telle, ni la technique, mais l'idéologie capitaliste qui sous-tend leur développement historique, le scientisme et le technicisme que Hans Jonas n'a pas manqué de stigmatiser dans la civilisation technologique :

> *Le Prométhée définitivement déchaîné auquel la science a conféré des forces jamais encore connues et l'économie son impulsion effrénée, a fait que la soumission de la nature destinée au bonheur humain qu'elle permet entraîne la démesure de son succès qui s'étend également maintenant à la nature de l'homme lui-même. Tel est le plus grand défi pour l'être humain que son faire ait jamais entraîné*[23].

La question qui sous-tend finalement notre réflexion sur le pouvoir du savoir scientifique est de savoir si, par rapport à la philosophie des Lumières, la science moderne n'a pas changé de statut. A en croire Jean-François Lyotard, la réponse devrait être affirmative dans les sociétés postindustrielles et postmodernes. Il entendait par là la société et la culture occidentale de l'Après-guerre, à l'heure de la reconstruction de l'Europe, très marquées par le développement de l'informatique et le redéploiement en force du capitalisme libéral[24]. La science y serait conçue non plus pour la pensée elle-même ni pour l'émancipation de l'homme, mais comme une marchandise destinée à la vente et à la consommation. Elle sert d'instrument pour accroître le pouvoir de décision politique et le rapport de forces entre les États-nations. De là s'expliquerait

[22] G. ROMBI, *op. cit.,* p. 7-8.
[23] H. JONAS, *Le Principe Responsabilité. Une éthique pour la civilisation technologique*, Paris, Cerf, 1995, p. 13.
[24] J.F. LYOTARD, *La condition postmoderne. Rapport sur le savoir*, Paris, Ed. Minuit, 1979, p. 63.

l'hypothèse selon laquelle les nations développées se battront dans l'avenir pour la maîtrise des informations comme elles s'étaient battues dans le passé pour maîtriser d'abord les territoires, puis la disposition et l'exploitation des matières premières et les mains-d'œuvre bon marché. Ainsi, se trouve ouvert un nouveau champ pour les stratégies industrielles et commerciales et pour les stratégies militaires et politiques[25].

En fait, ce que souligne particulièrement Lyotard, c'est que les progrès scientifiques ne vont pas sans une remise en question radicale de la crédulité à l'égard des idéaux de la modernité, comme l'idée de l'émancipation et de la réflexion critique, ou mieux la pensée dialectique, d'autant plus que le principe de légitimité de l'action n'est plus la vérité ni la justice, ni la conformité à la norme sociale ni la règle juste, mais l'efficacité technologique : « Soyez opératoires, c'est-à-dire commensurables, ou disparaissez »[26]. Voici en quels termes Lyotard remet en question les idéaux de la modernité :

> *Où peut résider la légitimité, après les métarécits ? Le critère d'opérativité est technologique, il n'est pas pertinent pour juger du vrai ou du juste. Le consensus obtenu par la discussion, comme le pense Habermas ? Il violente l'hétérogénéité des jeux de langage. [...] Le savoir postmoderne n'est pas seulement l'instrument des pouvoirs. Il raffine notre sensibilité aux différences et renforce notre capacité à supporter l'incommensurable. Lui-même ne trouve pas sa raison dans l'homologie des experts, mais dans la paralogie des inventeurs*[27].

Par ailleurs, forcé de répondre aux critiques de ses paires philosophes d'avoir renoncé à la spécificité de la

---

[25] *Ibid* p. 15.
[26] *Ibid.*, p. 7-8.
[27] *Ibid.*, p. 8-9.

crique philosophique, Lyotard précisera dans la suite de ses travaux qu'en parlant de la postmodernité, il s'agissait plutôt d'une façon un peu provocante de déplacer le débat sur la connaissance en pleine lumière. Cela signifie que la postmodernité ne s'entendrait plus comme un âge nouveau, mais plutôt comme une autre manière de réécriture de quelques traits revendiqués par la modernité : sa prétention à fonder sa légitimité sur le projet d'émancipation de l'humanité tout entière par la science et la technique. Autrement dit, il était question d'une autocritique de la modernité qui en fait est toujours à l'œuvre, depuis longtemps déjà, dans la modernité elle-même[28].

Dans la perspective de ce travail, nous partirons de la complexité de l'homme pour comprendre que, malgré la rationalisation de l'agir et la démocratisation des institutions publiques, la société moderne est « une culture traversée des tensions multiples, suggérant des modes divers d'articulation entre ses propres composantes, et aussi entre elle-même et les autres systèmes»[29]. C'est la thèse de Jean Ladrière. Dans ces conditions, quel serait le principe moral universel, capable de fonder le projet humain de l'émancipation, dans son sens intégral de l'autodétermination individuelle et sociétale ?

Pour ce faire, il faudra revenir à l'autocompréhension de l'espèce humaine, « l'éthique de l'espèce humaine (*Gattungsethik*) », selon le « dernier Habermas ». La question éthique fondamentale ne se limite plus seulement

---

[28] F. LYOTARD, « Réécrire la modernité *»,* in *Les cahiers de philosophie : Jean-François LYOTARD. Réécrire la modernité »,* n° 5 (1988), p. 202.

[29] J. LADRIERE, *Les enjeux de la rationalité, enjeux de la rationalité. Le défi de la science et de la technologie aux cultures. Nouvelle édition. Suivi de Existence, éthique et rationalité,* Québec, Liber, 2001, p. 196.

à savoir ce que l'*on* doit faire qui soit juste, ou politiquement correct, mais aussi et avant tout ce que l'on est en tant que sujet moral : « Qui suis-je ? » ; « Qui sommes-nous et qui voulons-nous être ? ». Et si nous admettons le dualisme épistémique difficilement contournable de l'homme comme corps et esprit, tel qu'il se comprend en la première personne du singulier en tant qu'être vivant, naturel et culturel, intangible dans ses sentiments moraux et imputable de ses actes, il nous faudra subordonner le principe de la discussion à celui de la coopérativité. Il faut entendre par là l'injonction morale universelle *d'agir* toujours en harmonie avec soi-même et avec les autres dans le respect de son environnement naturel et culturel.

Et c'est probablement dans cette direction qu'il peut être possible de surmonter philosophiquement la réelle difficulté soulevée par Karl Otto Apel, difficulté selon laquelle celui qui réfléchit sur la relation entre la science et l'éthique dans la société industrielle se trouve placé devant un paradoxe. D'une part, il doit défendre le besoin d'une éthique universelle, ayant caractère obligatoire (*Verbindlich*) pour la société humaine dans son ensemble, à cause des problèmes complexes suscités par le développement de la technique et leurs conséquences. D'autre part, il aura du mal à fonder rationnellement une éthique universelle étant donné que la science moderne porte préjudice à l'idée de la validité intersubjective, notamment l'idée d'une science axiologiquement neutre[30].

Deux grands moments importants structurent cette réflexion. Dans la première partie intitulée « Quand savoir c'est pouvoir. Les paradoxes du pouvoir du savoir scientifique », nous passerons en revue la question des

---

30 K-O APEL, cité par J-M. FERRY, *Habermas. L'éthique de la communication,* Paris, PUF., 1987, p. 483.

fondements scientifiques et moraux universels de l'émancipation. Composée de trois chapitres, le premier de cette partie vise à établir le rapport entre le développement de la science moderne et l'idéal de l'émancipation selon les Lumières du XVIIIe siècle. A quoi devrait servir l'autoréflexion des sciences ? Le second chapitre traitera de la techno-science comme idéologie. Quel serait le bien-fondé du modèle pragmatique de la discussion dans la société industrielle ? Dans le troisième chapitre, axé sur le principe de la discussion comme norme universelle de la rationalité et de l'éthicité de l'agir, nous mettrons en exergue les présuppositions générales de l'argumentation comme étant, du point de vue de la pragmatique universelle, les fondements contrefactuels de l'intercompréhension et de la pacification sociale.

Et c'est seulement dans la seconde partie que nous aborderons la question proprement dite de l'émancipation à l'aune de la révolution biologique. Au cœur de cette réflexion, nous analyserons le paradoxe qu'il y a entre la possibilité de réaliser le bien-être des individus par la connaissance et la maîtrise du fonctionnement organique des êtres vivants d'une part, et le projet d'améliorer technologiquement l'être de l'homme. Ce sera principalement l'objet du quatrième chapitre où il sera question de la biologisation de l'être humain, dont le défi principal est l'humanisme technologique, autrement dit l'eugénisme libéral en particulier. Ainsi donc, pour pouvoir juguler théoriquement ce paradoxe et refonder le projet de l'émancipation, nous plaiderons en dernier lieu, dans le cinquième chapitre, en faveur de la coopérativité comme facteur décisif de l'autodétermination.

PREMIÈRE PARTIE

Quand savoir c'est pouvoir : les paradoxes du savoir scientifique

« Autrefois, par la formation à laquelle elle donnait lieu, la théorie pouvait avoir un certain pouvoir d'ordre pratique ; on a affaire maintenant à des théories qui sont susceptibles de se développer en pouvoir d'ordre technique tout en restant non pratiques, c'est-à-dire sans se référer expressément à l'action commune menée par des hommes vivant ensemble. Assurément, les sciences confèrent maintenant des pouvoirs particuliers ; mais l'aptitude à disposer des choses qui se trouvent par elles enseignée n'est pas la même aptitude à agir et à vivre que l'on attendait autrefois de celui qui avait reçu de la science sa formation ».

J. HABERMAS, *La technique et la science comme « idéologie »*, p, 85.

CHAPITRE 1

La science moderne et le projet de l'émancipation

Il sera question dans ce premier chapitre d'évaluer le rapport qu'il y a entre le développement de la science et l'idéal de l'émancipation selon les Lumières du XVIIIe siècle. Que signifie l'émancipation du point de vue de l'*Aufklärung ?* Dans quelle mesure l'activité scientifique y contribue-t-elle ? Pourquoi la réduction positiviste de la connaissance rationnelle peut-elle être considérée comme un écueil principal pour la prise de conscience des intérêts mêmes de la connaissance ? Comment l'autoréflexion permet-elle de résoudre ce problème ?

Après avoir circonscrit le sens du concept de l'émancipation comme projet inachevé de la modernité selon les Lumières (1), nous focaliserons ensuite notre attention sur le premier paradoxe de la recherche scientifique comme quête de la vérité, au risque de l'objectivisme et du positivisme (2). Enfin, nous verrons comment Habermas procède de la critique du positivisme à l'autoréflexion des sciences afin de mettre au jour les intérêts pré-réfléchis de toute connaissance libératrice et émancipatrice (3).

1.1. Le concept de l'émancipation chez les Lumières

Pour les philosophes de l'Aufklärung, dont Condorcet et Kant, l'émancipation suppose la capacité de penser et d'agir librement, en se fondant sur les seules lumières de la raison. Autrement dit, c'est la nécessité de se libérer de toutes les formes de dogmatisme et d'obscurantisme en devenant capable de privilégier ce que l'on choisit et décide soi-même plutôt que par une autorité extérieure. Pour ce faire, il faut d'abord être capable d'exercer par soi-même la critique, savoir mettre en cause ou déconstruire les préjugés et les traditions, savoir se soustraire à toute tutelle imposée aux hommes du dehors et se laisser guider par les lois, normes, règles de la raison incarnée en tout être humain. En conséquence, le sujet se sent autonome et capable de mener sans contrainte extérieure sa propre vie.

De Condorcet dont *Esquisse d'un tableau historique des progrès de l'esprit humain* est un bel ouvrage pour la discussion, Habermas retient le sens du progrès de l'esprit comme synonyme de l'émancipation au sens moderne. Un tel progrès de l'esprit réfère au modèle du développement des sciences de la nature. En appliquant la méthode objective qu'elles développent, l'humanité devient capable d'organiser les procès d'apprentissage, tant dans le domaine des questions morales pratiques que dans les questions théoriques.

De même que l'homme est capable d'« acquérir des concepts moraux », de même il réussira à porter les sciences morales au niveau déjà atteint par les sciences de la nature. Sur le plan pratique, celui de l'organisation politique de la société, Condorcet envisage le procès d'émancipation de la civilisation dans la ligne d'une république garantissant les libertés civiles, d'un ordre international accélérant la croissance économique et le progrès technique, et abolissant ou compensant les inégalités sociales.

Il escompte entre autres une éradication des préjugés qui ont établi entre deux sexes une inégalité des droits ; il anticipe l'élimination de la criminalité et de l'incurie, la suppression de la misère et de la maladie par l'hygiène et la médecine ; il croit qu'il arrivera un temps où la mort ne serait plus que l'effet d'accidents extraordinaires. En d'autres termes, Condorcet croit à la vie éternelle avant la mort[1].

En résumé, Habermas relève plus ou moins trois acceptions de l'émancipation chez Condorcet : comme procès de rationalisation, comme libération des préjugés, et comme perfectionnement moral de l'homme :

a) Considérant l'émancipation comme procès de rationalisation, Condorcet perpétue la conception linéaire du progrès de l'esprit telle qu'on la retrouve dans les sciences positives. Or, contre cette thèse, la théorie post-empiriste des sciences a démontré la dépendance de la formation des théories à l'égard des paradigmes. Plus risquée encore est l'hypothèse de Condorcet qui présume que tous les problèmes auxquels les doctrines religieuses et philosophiques ont jusqu'ici apporté une réponse pourraient être soit transformés en problèmes susceptibles de traitement scientifique et résolus dans ce sens, soit démasqués comme des faux problèmes objectivement voués à disparaître. L'idée selon laquelle la mort pourrait être supprimée n'est pas chez lui une simple curiosité. Elle dissimule par ailleurs la conception selon laquelle les expériences de la contingence et les problèmes de sens, jusqu'alors interprétés par la religion et traités par le culte, peuvent être radicalement désamorcés. Or, réfute Habermas, en dépit des progrès scientifiques, il reste

[1] *TAC1,* p. 164.

toujours un résidu des problèmes humains rationnellement insolubles.

b) Ayant identifié l'émancipation à la libération des préjugés, Condorcet n'a pas clarifié la portée universaliste de sa thèse sur l'unité de l'histoire de l'humanité fondée sur le seul et unique modèle de la rationalité représentée par la science occidentale : « Condorcet ne doute pas que *toutes* les nations ''doivent se rapprocher un jour de l'éclat de civilisation où sont parvenus les peuples les plus éclairés, les plus libres, les plus affranchis de préjugés, les Français et les Anglo-américains''»[2]. Il présuppose donc qu'il y a une rationalité universelle à l'espèce humaine, celle de la civilisation occidentale. Et pourtant, cette thèse est remise en question d'abord par l'école historique, et plus tard par l'anthropologie culturelle.

c) Lorsque Condorcet identifie l'émancipation au perfectionnement moral de l'homme par les sciences, il va sans dire qu'il rattache les aspects cognitifs du progrès scientifique aux aspects moraux pratiques d'un devenir adulte (*Mündigwerden*), entendu au sens d'une libération par rapport au dogmatisme et à l'autorité pseudo-naturelle[3].

Dans cette perspective, la théorie de l'émancipation de Condorcet reste tributaire du positivisme et de l'historicisme qui présupposent l'efficacité empirique d'un savoir théorique améliorable à l'infini. Autrement dit, Condorcet suppose que la rationalité de l'agir présuppose la capacité à produire efficacement des effets escomptés. Voilà pourquoi, même en étudiant les mécanismes d'apprentissage et les conditions qui permettent leur déroulement, il ne parvient pas à expliquer comment les connaissances passent dans le progrès technique, dans la

---

[2] *Ibid.*

[3] *Ibid.*, p. 164-165.

croissance économique, dans une organisation raisonnable de la société. Il ne considère pas davantage la possibilité que les connaissances aient une efficacité au niveau d'effets secondaires non voulus. Bref, Condorcet s'en remet à l'idée d'une efficacité automatique de l'esprit, c'est-à-dire à l'idée que l'intelligence humaine est destinée à accumuler du savoir et qu'elle le produit par soi-même[4].

A la différence de Condorcet, Habermas tient à l'idée que l'action de s'émanciper doit être comprise comme une pratique communicationnelle exercée de façon volontaire et consciente. Les deux aspects de la rationalité – instrumentale et communicationnelle – ne sont pas médiatisés l'un par rapport à l'autre ; ils se raccordent entre eux de façon non problématique, à condition que l'on conçoive l'esprit humain idéalement comme une puissance qui se déploie conformément à une logique propre en même temps que sur la base de sa propre impulsion.

D'ailleurs, l'expérience historique des phénomènes sociaux ayant marqué l'évolution de la culture occidentale montre qu'à l'origine de la révolution industrielle, le développement des techniques de production n'était pas d'abord lié au déploiement des techniques des sciences modernes de la nature, mais à l'évolution sociale. Il en est de même sur le plan politique.

Pour le modèle de la Révolution Française, le processus qui a conduit à la création des institutions bourgeoises a été d'abord le procès d'institutionnalisation des libertés civiles qui a permis de déchiffrer le progrès de façon plus palpable que le modèle d'un déploiement, au demeurant douteux, des sciences humaines. Sur le plan de la production, enfin, avec la croissance capitaliste, l'économie était apparue comme un sous-système

---

[4] *Ibid.,* p. 165-166.

fonctionnel autonome, et dans l'économie politique de l'époque, elle était figurée à l'aide du modèle de la circulation[5].

Emmanuel Kant, quant à lui, a clairement défendu sa conception de l'émancipation dans sa réponse à la question « Qu'est-ce que les Lumières ? » (du 30 septembre 1784). « Les Lumières, affirmait-il, c'est la sortie de l'homme hors de l'état de tutelle dont il est lui-même responsable. L'état de tutelle est l'incapacité de se servir de son entendement sans la conduite d'un autre. On est *soi-même responsable* de cet état de tutelle quand la cause tient non pas à une insuffisance de l'entendement, mais à une insuffisance de la résolution et du courage de s'en servir sans la conduite d'un autre. *Sapere aude !* Aie le courage de te servir de ton *propre* entendement. Voilà la devise des *Lumières* »[6].

Du point de vue de l'individu qui agit, *l'Aufklärung* se traduit en une maxime de caractère subjectif : « il faut penser par soi-même », c'est-à-dire penser tout haut, de même que faire usage de sa raison doit coïncider avec l'usage que fait le public de son raisonnement. Car même s'il est possible de retirer à quelqu'un sa liberté de parler ou d'écrire par une autorité supérieure, il n'est pas possible que lui soit retirée la liberté de penser. Du point de vue de l'humanité dans son ensemble, l'émancipation définit une tendance objective au progrès vers un ordre juste et parfait. Dans les deux cas, *l'Aufklärung* doit être médiatisée par la publicité, c'est-à-dire par l'usage public de la raison, car il est pratiquement difficile pour chaque

---

[5] *Ibid.*, p. 167-168.

[6] E. KANT, *Vers la paix perpétuelle. Que signifie s'orienter dans la pensée ? Qu'est-ce que les Lumières ?*, Paris, Flammarion, 1991, p. 43.

individu pris isolément de sortir de la minorité qui est devenue pour lui comme une seconde nature[7].

Tout en s'accordant avec Kant sur sa définition des *Lumières*, Habermas récuse néanmoins son monologisme sous-jacent. Il se demande comment il serait possible de penser tout seul, en monologue étant donné que l'action de penser présuppose une communauté communicationnelle d'autres personnes dont on utilise le langage et susceptible d'apporter leurs amendements. « Jusqu'où iraient nos pensées et quelle en serait la justesse si nous ne pouvions penser en quelque sorte en communauté avec les autres à qui nous communiquons nos réflexions, comme ils nous font part de leurs idées ? »[8].

Ainsi donc, d'après Habermas, tout comme Condorcet était tributaire du positivisme, Kant était resté, lui aussi, dépendant de la philosophie de l'histoire et du développement des sciences naturelles dont la méthode d'observation, d'expérimentation et de calcul se présentait à son époque comme étant le seul modèle véritable de rationalité. Les sciences mathématiques de la nature, en particulier la physique de Newton, offraient de façon paradigmatique la méthode de la connaissance en général, laquelle méthode élève la connaissance de la nature au-dessus du débat scolastique entre philosophes et rabaisse la philosophie existant jusque-là au rang de simple opinion. C'est pourquoi ces philosophes ne pouvaient pas poser l'*a priori* de l'intercompréhension langagière[9].

En fait, d'après Habermas, l'émancipation comme idéal de la modernité est un « projet inachevé »[10]. Ce projet vise la rationalisation de l'agir et des formes de vie sociales. C'est ainsi que ce projet se déploie inséparablement du

---

[7] *Ibid.,* p. 44.
[8] *EP,* p. 114.
[9] *TAC1,* p. 161-162.
[10] *DPM,* p. IX.

processus dialectique de la sécularisation sociale, processus unique en Occident, par lequel les sciences empiriques et les arts sont devenus autonomes, les théories morales et juridiques sont fondées sur des principes et constituées en sphères de valeurs culturelles permettant la mise en œuvre de processus d'apprentissage qui obéissent, selon le cas, aux légalités internes des problématiques théoriques, esthétiques ou pratico-morales. Sur le plan culturel, la sécularisation a engendré en Europe une culture profane, ayant participé directement au désenchantement des valeurs traditionnelles et religieuses[11].

Il faut noter toutefois que le concept de la modernité est ambivalent. D'un côté, il traduit l'idée de l'autonomie du sujet. D'autre part, la modernité réfère à la grande révolution qui a engendré en Europe une culture de la domination de la raison instrumentale. Outre le fait que l'homme moderne est devenu maître de la nature à un degré jamais atteint, il est devenu aussi capable de la plus absolue inhumanité. Il a appris à domestiquer les distances et à accroître son espérance de vie, mais au prix de systèmes sociaux, d'une industrie et d'un arsenal capables tout à la fois de le nier et de l'anéantir : les défis écologiques, la croissance économique et la disparité croissante des conditions de vie du Nord et du Sud, les risques de nouvelles guerres ethniques, nationales et religieuses, les chantages nucléaires et les luttes internationales pour le partage des richesses[12].

Ces aspects négatifs de la vie moderne constituent certes un « arrière-plan effrayant » qui met à mal, sur le plan politique, toute orientation et toute assurance de paix et d'émancipation au sein des sociétés libérales disposant

---

[11] *Ibid.,* p. 1-2.
[12] *Ibid.,* p. I.

de l'État de droit et de la démocratie[13]. De là s'expliquent la méfiance et la remise en question des idéaux mêmes de la modernité. C'est le cas des défenseurs de la postmodernité et de la posthistoire. Selon Bernard Leboucher, la postmodernité symbolise

> *la perte des idéologies et d'un grand nombre des valeurs, un relativisme de valeurs, un individualisme, une incertitude généralisée et le goût de la "déconstruction". Elle a perdu même toute conviction concernant ses fondements sociaux. [...]. Ne croyant plus au progrès, elle s'engage de plus en plus exclusivement dans l'immédiateté de la tâche du "vivre bien", c'est-à-dire avec aisance dans un bonheur de l'instant présent, mais avec de moins en moins d'espérance. Elle met en cause non seulement la vérité objective mais encore l'unité du sujet, qui constituait la grande référence de la modernité. Elle est une forme de désenchantement du monde et peut être tentée par le nihilisme*[14].

Positivement, la postmodernité pourrait signifier aussi la sortie de la modernité de sa crise d'adolescence, devenue vraiment adulte, plus lucide et plus mature[15]. De l'avis de Habermas, les défenseurs de la postmodernité s'attaquent à la raison moderne et revendiquent la totalité du pouvoir en présentant la raison comme une subjectivité qui asservit tout en étant elle-même asservie, et comme une volonté de maîtrise instrumentale, tandis que les autres déclarent close l'histoire des idées, marquée par des phénomènes sociétaux d'un genre particulièrement nouveau, résultats de la rationalisation comme sécularisation, c'est-à-dire la laïcisation de la culture

---

[13] *DD*, p. 12.

[14] Cf. B. SESBOÜE, *La théologie au XXe siècle et l'avenir de la foi*, Paris, Desclée de Brouwer, 2007, p. 241-242.

[15] *Ibid.*, p. 242.

occidentale qui s'est développée sur l'entreprise capitaliste et l'appareil bureaucratique de l'État[16].

Réfutant de telles allégations, Habermas considère que la plupart de ces critiques sont moins convaincantes tant du point de la théorie critique de la connaissance en général que de la théorie morale en particulier. Il reproche, entre autres à Michel Foucault le fait que sa théorie du pouvoir ne soit pas parvenue à sortir du subjectivisme qu'il stigmatise à l'encontre des sciences humaines. Il reproche également aux critiques de l'universalisme transcendantal de Kant, dont Hegel, Marx, Heidegger, Derrida, de n'avoir pas franchi ses limites pour la simple et bonne raison qu'ils ne sont pas parvenus à tirer les principes universels de l'agir moral à partir de la communication idéale et sans contrainte. Cette omission les conduit à assimiler la modernité aux développements de la rationalité instrumentale, celle des fins utilitaires[17].

Leur principal défaut commun serait celui d'assimiler le concept de la modernité avec le processus de modernisation, désignant par là tout un ensemble de processus cumulatifs qui se renforcent les uns les autres : la capitalisation et la mobilisation des ressources, le développement des forces productives et l'augmentation de la productivité du travail ; la mise en place des pouvoirs politiques centralisés et la formation d'identités nationales ; la propagation des droits à la participation politique, des formes de vie urbaine et de l'instruction publique ; et enfin, la laïcisation des valeurs et des normes, etc.[18].

[16] *DPM*, p. 1-2.
[17] *Ibid.*, p. 348- 350.
[18] *Ibid.*, p. 2-3.

1.2. La recherche de la vérité au risque de la réduction méthodologique

De son étymologie latine « *scire,* savoir ou le fait de connaître », la science moderne comprend « l'ensemble de connaissances et de recherches ayant un degré suffisant d'unité, de généralité et susceptibles d'amener les hommes qui s'y consacrent à des conclusions concordantes ne résultant ni des conventions arbitraires, ni des goûts et des intérêts individuels qui leur sont communs, mais des relations objectives que l'on découvre graduellement et que l'on confirme par des méthodes de vérification définies »[19].

Une telle définition de la science présuppose une connaissance méthodique et objective, si l'on entend par objectivé un état d'esprit, une attitude ou une disposition qui permet de voir les choses telles qu'elles sont, qui ne déforme pas les choses ni par étroitesse d'esprit, ni par parti-pris, mais voit la réalité telle qu'elle est. D'après Henri Poincaré, l'objectivité scientifique ne signifie pas la capacité de la science à nous dire la vérité ou l'essence des choses, mais à établir les rapports entre les choses. Car, les scientifiques opèrent par la sélection et le choix entre les faits. « Nous ne pouvons connaître tous les faits et il faut choisir ceux qui sont dignes d'être connus. […]. Les savants, au contraire, croient que certains faits sont plus intéressants que d'autres, parce qu'ils complètent une harmonie inachevée, ou parce qu'ils font prévoir un grand nombre d'autres faits. S'ils ont tort, si cette hiérarchie des faits qu'ils postulent implicitement, n'est qu'une illusion vaine, il ne saurait y avoir de science »[20].

---

[19] A. LALANDE, *Vocabulaire technique et critique de la philosophie*, Paris, Quadrige-PUF, 2006, p. 953-955.

[20] H. POINCARE, *La valeur de la science*, Paris, Flammarion, 1939, p. 275.

Or, on attache facilement et très souvent, mais abusivement la science à la connaissance de la vérité. Déjà, une lecture très rapide du titre même du livre très célèbre du philosophe du doute, René Descartes, laisserait croire que la vérité serait incarnée et naîtrait seulement de la science : « *Discours de la méthode pour bien conduire sa pensée et chercher la vérité dans les sciences* ». Mais comme nous le verrons tout à l'heure avec Karl Popper, la science moderne n'est pas une connaissance rassurée, mais une recherche permanente de la vérité. Elle procède par essais et erreurs, en confrontant systématiquement le raisonnement à l'expérience, en récusant des *a priori* et des dogmes, en cherchant à jamais de la vérité, bref par des hypothèses ou des conjectures audacieuses.

Une telle démarche induit la créativité, la prévisibilité et l'anticipation rationnelle. Voilà de quelle manière, il est permis d'espérer que la science soit la source et la ressource de l'émancipation humaine. Comme le dirait encore Gaston Bachelard, la science libère de fausses connaissances, de la croyance, de l'opinion (doxa), du mythe, de préjugés, etc., en un mot des obstacles épistémologiques, c'est-à-dire des lenteurs et des troubles d'esprit qui s'érigent en nous comme étant la cause de stagnation et d'inertie dans la connaissance[21].

1.2.1. La méthode et l'objectivité des sciences naturelles

Dans les sciences naturelles ou empiriques, on regroupe généralement l'ensemble de disciplines qui s'occupent du milieu ambiant de l'homme, de sa réalité matérielle, ou des objets de la nature. Ces disciplines recourent à des

---

[21] G. BACHELARD, *La formation de l'esprit scientifique. Contribution à une psychanalyse de la connaissance,* Paris, Jean-Vrin, 1999, p. 12.

constructions théoriques, analogues à celles des sciences formelles pures comme les mathématiques, la logique formalisée et l'informatique. Et c''est pour cette raison que Jean Ladrière les nomme « sciences empirico-formelles », mettant l'accent sur la combinaison des éléments théoriques et empiriques. Dans tous les cas, leur critère de validité est complexe dans la mesure où elles mêlent des éléments formels ou, *a priori*, c'est-à-dire des critères qui ne dépendent pas de l'expérience comme la cohérence interne, l'accord avec d'autres théories déjà éprouvées, la simplicité, la maniabilité, etc., avec des éléments *a posteriori*, liés à l'expérience, c'est-à-dire l'appui apporté à la théorie sous forme de confirmation ou de corroboration technique[22].

Une fausse compréhension des sciences naturelles leur attribue la capacité de connaître la vérité comme étant le reflet de la réalité, en termes de correspondance entre le fait et l'expérience. Une telle théorie remonte à Claude Bernard qui, en se demandant comment la médecine traditionnelle, dont l'objectif était de conserver la santé et de guérir les maladies, pouvait devenir scientifique, il parvint à l'idée qu'elle dût se doter d'une méthode qui consisterait à appliquer immédiatement et rigoureusement le raisonnement aux faits que l'observation et l'expérimentation nous fournissent[23].

« Pour être digne de ce nom, explique Claude Bernard, l'expérimentateur doit être à la fois théoricien et praticien. S'il doit posséder d'une manière complète l'art d'instituer les faits d'expérience, qui sont les matériaux de la science, il doit aussi se rendre compte clairement des principes

---

[22] J. LADRIERE, « Sciences et discours rationnel », in *Encyclopaedia universalis,* Corpus 20, Paris, Ed. En cyclopaedia universalis, 1996, p. 722.

[23] C. BERNARD, *Introduction à l'étude de la médecine expérimentale*, Paris, Librairie Larousse, 1951, p. 14.

scientifiques qui dirigent notre raisonnement au milieu de l'étude expérimentale si variée des phénomènes de la nature. Il serait impossible de séparer ces deux choses : la tête et la main. Une main habile sans la tête qui la dirige est un instrument aveugle ; la tête sans la main qui réalise reste impuissante »[24].

Il va sans dire que pour Claude Bernard que l'induction était la méthode scientifique. Cela veut dire que les sciences partent d'abord de l'observation fidèle de la réalité, ensuite, de cette observation, on retire des lois. Celles-ci sont alors éprouvées après avoir été soumises à des vérifications expérimentales. Ces lois prouvées sont enfin mises ensemble dans des théories qui décrivent la réalité[25].

Or, à l'opposé de l'inductivisme, le philosophe des sciences viennois Karl Popper démontrera que la science procède plutôt de manière déductive, par essais et erreurs. C'est la falsifiabilité. Au point de départ, il y a un problème ou des problèmes, puis les essais de solution, et enfin l'élimination des essais de solution infructueux[26]. Tel est le noyau du falsificationnisme poppérien. Selon cette théorie, la démarche scientifique ne commence pas par l'observation ou l'expérience des phénomènes, mais par des hypothèses ou des conjectures audacieuses :

> *Un savant, qu'il soit théoricien ou praticien, propose des énoncés ou des systèmes d'énoncés et les teste pas à pas. Dans le domaine des sciences empiriques particulièrement, il bâtit des hypothèses ou des systèmes théoriques et les soumet à l'épreuve de l'expérience par l'observation et*

---

[24] *Ibid.*, p. 15-16.
[25] G. FOUREZ, *La construction des sciences. Les logiques des inventions scientifiques*, Bruxelles, De Boeck Université, 2002, p. 30.
[26] K. POPPER, *Toute vie est résolution des problèmes. Questions autour de la connaissance de la nature,* Paris, Actes Sud, 1997, p. 16-17.

l'expérimentation. C'est la tâche de la logique de la découverte scientifique ou la logique de la connaissance de fournir une analyse logique de cette procédure, c'est-à-dire d'analyser les méthodes des sciences empiriques. Voilà ma thèse[27].

Si l'épreuve est positive, c'est-à-dire si les conclusions singulières se révèlent acceptables, ou vérifiées, la théorie a provisoirement réussi son test : nous n'avons pas trouvé de raisons de l'écarter. Mais si la décision est négative ou, en d'autres termes, si les conclusions ont été falsifiées, cette falsification invalide également la théorie dont elle avait été logiquement déduite. Mais la décision positive ne soutient la théorie que provisoirement, car des décisions négatives peuvent toujours l'éliminer ultérieurement. Tant qu'une théorie résiste à des tests systématiques et rigoureux, on dit d'elle qu'elle a ''fait ses preuves " ou qu'elle est ''corroborée"'[28]. Schématiquement :

a) le scientifique conçoit ou invente une théorie en se basant sur les hypothèses en vigueur dans son domaine de recherche. C'est le stade élémentaire qui ne requiert pas d'analyse logique ; il n'est même pas susceptible d'en être l'objet, sauf si ce n'est pour un intérêt d'ordre psychologique. C'est le stade du *quid facti* de Kant ;

b) il les soumet à des tests empiriques pour vérifier leur validité. C'est le niveau métacritique de la méthode scientifique qui concerne la question de justification ou de validité (le *quid juris* de Kant). C'est le seul moment où l'on se pose des questions telles que : « Un énoncé peut-il être justifié ? S'il en est ainsi, comment ? Peut-on le soumettre à des tests ? Est-il logiquement sous la

---

[27] IDEM, *La logique de la découverte scientifique*, Paris, Payot, 1973, p. 23.

[28] *Ibid.*, p. 29.

dépendance de certains autres énoncés ? Ou encore, est-il en contradiction avec eux ?» ;

c) en partant d'une nouvelle idée, avancée à titre d'essai et nullement justifiée à ce stade, et qui peut être une prévision, une hypothèse, un système théorique, on tire par une déduction logique des conclusions ;

d) la mise à l'épreuve de la théorie où l'on compare les conclusions les unes aux autres et à d'autres énoncés relatifs à la question de manière à trouver les relations logiques, telles que l'équivalence, la déductibilité, la compatibilité ou l'incompatibilité, qui les unissent[29].

Néanmoins, le fait d'avoir pensé très longtemps que l'inductivisme définissait la méthode scientifique est une erreur. Celle-ci ne se situe pas dans le but que l'inductivisme se fixe, à savoir la découverte des régularités qui nous permettent d'expliquer et de comprendre les phénomènes naturels, mais plutôt dans l'idée qu'il existe quelque part en dehors de l'esprit humain la vérité des phénomènes que l'esprit humain découvre passivement à l'issue du contact entre le phénomène et nos organes de sens. Telle est l'erreur de l'inductivisme, selon Popper :

> *Selon moi,* une *seule théorie est à prendre au sérieux :* la théorie de la vérité-correspondance. *Celle-ci dit qu'une proposition est vraie si elle s'accorde avec les faits ou la réalité, ou leur correspond. Mais une difficulté se présente immédiatement : il semble très difficile de s'exprimer sur ce que l'on entend par* accord *ou* correspondance *entre une proposition et un fait*[30].

« L'ultime faiblesse de l'inductivisme, précise-t-il, consiste en une théorie de l'intellect humain très populaire

---

[29] *Ibid.,* p. 28.

[30] K. POPPER, *Les deux problèmes fondamentaux de la théorie de la connaissance*, Paris, Hermann, 1999, p. 12.

mais totalement fausse, la théorie de la *tabula rasa,* que j'appellerai la *théorie du seau.* Selon cette théorie, l'intellect humain est essentiellement passif. Les sens fournissent les données (''données de sens'') et notre savoir est essentiellement un dépôt passif de ces ''données'' »[31].

Ce qu'il convient de retenir d'ores et déjà, c'est que l'esprit scientifique n'est pas passif, mais actif dans la mesure où il se déploie dans un mouvement de va-et-vient créatif et correctif. En d'autres termes, le sujet de la connaissance n'est pas en dehors de l'objet qu'il étudie. Voici la thèse de Popper : « Je défends au contraire la théorie que rien ne nous est "donné", que nos organes de sens sont déjà des adaptations actives, le résultat de mutations, c'est-à-dire des précurseurs des hypothèses, et que toutes les hypothèses sont des essais actifs d'adaptation. Nous sommes actifs, créateurs, inventeurs, même si nos inventions sont contrôlées par la sélection naturelle. Le schéma excitation-réaction est donc remplacé par un schéma mutation (= nouvelle action) – sélection. La vie des animaux supérieurs, et particulièrement celle de l'homme, n'est pas une routine. L'acquisition du savoir et la science ne sont pas une routine »[32].

1.2.2. La méthode et l'objectivité des sciences humaines et sociales

C'est surtout dans le domaine des sciences humaines et sociales que l'implication du sujet dans l'acte du connaître est très perceptible. Il s'agit de l'ensemble de disciplines qui s'intéressent aux systèmes de comportement et d'action des individus dans la société.

---

[31] *Ibid.*, p. 21.
[32] *Ibid.*

La méthode des sciences humaines et sociales est l'herméneutique, dans ce sens qu'elle présuppose la conscience intentionnelle. Mis à part le caractère subjectif de l'intentionnalité, la méthode herméneutique est dite *intentionnelle* non pas qu'elle vise à « voir » une pensée ou une intention de l'autre, mais à *comprendre* les actions humaines, c'est-à-dire déchiffrer un texte en retrouvant un sens vécu derrière des signes graphiques, soit pour élucider un comportement doué de sens par interprétation d'autrui et interprétation de soi[33].

D'ailleurs, il existe aussi d'autres disciplines qui recourent à la méthode herméneutique sans nécessairement présupposer des significations à saisir, mais des faits qu'il s'agit d'analyser et d'expliquer objectivement. C'est le cas de la linguistique, de l'analyse économique, de l'ethnologie, de la théorie des jeux de langage. Cette tendance se rencontre dans le néo-naturalisme qui est défendu par une certaine neurophysiologie de notre siècle, celui des sciences de la vie et de nouvelles technologies de l'information et de la communication.

Il y a donc, selon Jean Ladrière, deux manières de concevoir l'herméneutique : soit comme prolongement d'une théorie de l'intentionnalité (cf. la psychologie phénoménologique, qui tente de comprendre le comportement en y retrouvant les modalités concrètes de la vie intentionnelle), soit comme une théorie interprétative qui postule certaines entités non perceptibles, qui leur attribue certaines propriétés et décrit les mécanismes par lesquels peuvent être engendrés, à partir des processus situés au niveau de ces entités, les effets qui sont observés[34].

---

[33] J. LADRIERE, *Vie sociale et destinée*, Gembloux, Duculot, 1973, p. 202-203.

[34] IDEM, « Sciences et discours rationnel », *art. cit.,* 1996, p. 724.

Comment procède-t-on pour connaître la vérité dans les sciences humaines et sociales ? Tel est le problème même de l'objectivité de ces disciplines ? Selon Hans-Georg Gadamer, il suffit que l'interprétation soit authentique, c'est-à-dire en accord avec le sens reconnu par l'autorité de la tradition. La tradition est l'englobant de tout ce qui est relatif à l'humanisme : la culture ou la formation (*Bildung*), les préjugés, le sens commun, le jugement, le goût, l'art et les symboles, la vision du monde, etc., bref tout ce qui correspond pour nous à des évidences et abrite une grande richesse d'informations historiques[35]. « Une méditation sur ce qui est vérité dans les sciences de l'esprit, écrit-il, ne saurait vouloir se soustraire par la réflexion à la tradition, dont il est apparu le caractère contraignant. Elle doit donc soumettre son mode d'opération à l'impératif de n'accéder qu'au degré de transparence sur sa propre condition historique, qui lui est accessible »[36]. Voici en quels termes Gadamer pose la validité de l'interprétation en herméneutique :

> *Elle devra avoir clairement conscience du fait que sa propre compréhension et sa propre interprétation n'ont rien d'une construction conceptuelle dérivée de principes préalables, mais prolongent un devenir historique qui provient d'un lointain passé. [...] ; il faudra au contraire prendre en charge ce qui lui a été transmis de la teneur originelle de signification de ses concepts*[37].

En fait, Gadamer souligne le fait que la connaissance historique ne vise pas à saisir le phénomène concret comme un cas relevant d'une règle générale. Elle vise plutôt à comprendre comment tel homme, tel peuple, tel

---

[35] H-G. GADAMER, *Vérité et méthode. Les grandes lignes d'une herméneutique philosophique*, Paris, Seuil, 1996, p 25.
[36] *Ibid.,* p. 14.
[37] *Ibid.,* p. 14.

État, est ce qu'il est devenu et, en général, comment il a pu faire qu'il en soit ainsi[38]. En recourant à la tradition du texte ou de tout autre document ou phénomène socioculturel à interpréter, l'herméneute s'approprie la vérité ou le sens caché du phénomène qui est en question, c'est-à-dire la signification des symboles employés dans les discours et les actions des acteurs sociaux. Ainsi donc, si les sciences naturelles se spécifient par le caractère explicatif et objectif de la vérité qu'elles cherchent, celle des sciences humaines est assez compréhensive et intersubjective. Une bonne interprétation doit conduire à la fusion des horizons.

L'observateur doit pouvoir s'impliquer dans la tradition de l'autre afin de le comprendre tel qu'il s'est compris lui-même. La fusion des horizons réside dans la saisie directe de l'être de la chose lui-même, même en tant que structure ontologique universelle, la constitution fondamentale de tout ce vers quoi la compréhension peut se tourner. « Qu'est-ce, en fait de connaissance, que celle qui comprend que quelque chose est tel en comprenant, comment il en est venu à l'être ? »[39], se demande Gadamer. Dans l'être de la chose même, l'élément langagier sert de médium universel de compréhension herméneutique parce que le rapport de l'homme au monde est fondamentalement langage et donc compréhension. C'est en comprenant la chose même de l'être que la compréhension philosophique prétend à l'universalité. Elle ne se réduit pas à la base méthodique de ce que l'on appelle les sciences de l'esprit[40].

À l'opposé de Gadamer, Habermas met sérieusement en question l'autorité dogmatique de la tradition pour la

---

[38] *Ibid.*, p. 20.
[39] *Ibid.*, 500.
[40] *Ibid.*

connaissance critique des phénomènes humains et sociaux. Il réfute en particulier l'idée que l'on puisse assigner au langage la seule fonction d'être le lieu de l'apparaître de la vérité, c'est-à-dire de l'être même de la chose. Par contre, selon Habermas, le langage est le lieu de l'incarnation et de l'assomption de la pensée critique et de l'action. Chaque personne doit avoir pris pied sur lui avant de pouvoir s'objectiver dans sa première manifestation vitale, que ce soit en paroles, en attitudes ou en actions. C'est seulement dans le langage que l'intimité de l'homme trouve son expression complète, exhaustive et objectivement intelligible. Le langage, c'est le milieu dans lequel des significations sont partagées non seulement au sens cognitif, mais dans un sens plus large embrassant aussi des aspects affectifs et normatifs. C'est pourquoi toute forme de compréhension entre individus est médiatisée par un emploi intersubjectivement obligatoire des symboles qui renvoient en dernière instance au langage ordinaire[41].

Dans ce sens, en fondant l'universalité de l'herméneutique sur l'appropriation de la tradition et la fusion des horizons, comme le fait Gadamer en réhabilitant les préjugés et en postulant la vérité dans l'agir de la chose même, on se livre à une espèce d'ontologisation de l'herméneutique et on lui dénie son caractère critique. Au contraire, la « compréhension herméneutique doit employer des catégories *inévitablement générales* pour saisir un sens *inaliénablement individuel* »[42]. En un mot, Habermas défend une herméneutique critique, autrement dit une exégèse critique dont le principe général présuppose que la vérité procède de la critique et l'échange des arguments[43].

---

[41] *CI,* p. 19.

[42] *Ibid.,* p. 193.

[43] J-M. AGUIRE ORAA, *Raison critique ou Raison herméneutique ? Une analyse de la controverse entre Habermas et Gadamer,* Paris, Cerf, 1998, p. 325.

Pour résumer ce débat sur la méthode et l'objectivité scientifiques, il semble très important de mettre en exergue la notion de la circularité et de la corrélation entre le sujet et l'objet de la connaissance. Jean Ladrière a montré avec force détails cette circularité en termes de cercle méthodologique et herméneutique. Dans les sciences naturelles, le cercle méthodologique est reconnu dans la mesure où, pour opérer les scientifiques commencent par mettre en place un certain nombre de critères formels auxquels l'objet ou la réalité étudiée devrait correspondre. Ces critères sont invariants et possèdent un caractère d'à priorité par rapport au domaine à explorer dans la mesure où ils serviront d'axiomes ou de fil conducteur dans le choix du formalisme. En fait, les axiomes qui constituent le formalisme de la théorie scientifique ne font qu'exprimer une certaine précompréhension du domaine à étudier. Cela signifie que dans un autre sens, c'est l'objet à explorer ou la réalité visée qui se trouve munie à l'avance d'une certaine interprétation :

> *Mais, de façon indirecte, à travers ce mode de compréhension, c'est bien la réalité visée qui se trouve munie à l'avance d'une certaine interprétation. En un sens, il y a une priorité de la méthode sur l'objet, c'est la méthode qui détermine l'objet. Mais en un autre sens, il y a une priorité de l'objet sur la méthode. C'est à partir d'une certaine familiarité avec l'objet, enracinée sans doute dans une compréhension poétique du monde, que se sont élaborées les prescriptions méthodologiques à partir desquelles l'objet est appréhendé*[44].

Dans les sciences humaines et sociales, le cercle herméneutique montre que, d'une part, la réalité à étudier ne peut être approchée qu'à travers la compréhension qu'en a le sujet, mais cette compréhension est elle-même

---

[44] J. LADRIERE, *Vie sociale et destinée,* p. 199-200.

déterminée par l'ensemble de la situation dans laquelle le sujet est immergé, situation qu'il s'efforce précisément de comprendre. D'autre part, au fur et à mesure que l'entreprise de connaissance progresse, elle modifie l'objet puisque la connaissance que le sujet acquiert de sa propre situation (c'est-à-dire de lui-même en tant qu'objet) transforme cette situation (c'est-à-dire le transforme lui-même à la fois en tant que sujet connaissant et en tant qu'objet connu)[45].

Selon Habermas, c'est le positivisme qui constitue le principal écueil de la science comme savoir de l'émancipation dans la mesure où cette théorie des sciences donne aux sciences l'illusion d'un en-soi des faits structurés selon des lois, masquant pour ainsi dire la constitution préalable des faits :

> *Une fois ramenée au niveau de la méthodologie, écrit-il, la théorie de la connaissance perd de vue la constitution (Konstituierung) des objets de l'expérience possible, de la même manière qu'une science formelle séparée de la réflexion transcendantale perd de vue la genèse des règles qui permettent la combinaison de symboles ; en termes kantiens, toutes deux ignorent les réalisations synthétiques du sujet connaissant*[46].

En conséquence, l'attitude positiviste, radicalisée par l'objectivisme d'Ernst Mach, dissimule la problématique de la constitution du monde à tel point que le sens de la connaissance, elle-même devient irrationnelle au nom d'une connaissance stricte. D'où, l'avènement de l'idée naïve selon laquelle la connaissance est la description de la réalité, idée correspondant à la théorie de la copie de la vérité (*Abbildtheorie*) selon laquelle « la corrélation réversiblement univoque d'énoncés et d'états de choses

---

[45] *Ibid.*, p. 201.
[46] *CI,* p. 103.

doit être comprise comme une isomorphie. Cet objectivisme est resté jusqu'à nos jours le signe d'une théorie de la science qui est entrée en lice avec le positivisme comtien. La question transcendantale du sens de la connaissance est remplacée par la question positiviste du sens des "‘ faits " dont la connexion est décrite par des propositions théoriques »[47].

1.3. De la critique du positivisme à l'autoréflexion des sciences

La cible critique de l'épistémologie des sciences développée par Habermas est sans doute le positivisme d'Auguste Comte qu'il considère comme le « reniement de la réflexion »[48]. « Le positivisme a refoulé si durablement les traditions les plus anciennes, il a monopolisé avec tant d'efficacité la conception que les sciences se font d'elles-mêmes, que depuis l'auto-suppression de la critique de la connaissance par Hegel et Max, l'illusion objectiviste ne peut être détruite par un retour ; elle ne peut plus l'être que de façon immanente par une méthodologie poursuivant sa propre problématique et contrainte à l'autoréflexion »[49].

En fait, c'est dans la continuité de l'empirisme traditionnel qu'il faudrait comprendre le positivisme d'Auguste Comte. Pour l'empirisme traditionnel, note Ladrière, « une connaissance n'est scientifique qu'à la condition de se désanthropologiser aussi radicalement que la physique et d'atteindre aussi une objectivité fondée d'une part sur l'évidence formelle des démarches logiques, et d'autre part sur l'évidence empirique de la perception

---

[47] *Ibid.*

[48] *Ibid.*, p. 31.

[49] *Ibid.*, p. 103.

''réduite'' (c'est-à-dire ramenée à des constations intersubjectivement contrôlables selon des critères univoquement définis et opérant de manière uniforme) »[50].

Pour Auguste Comte, le positivisme est « cette manière spéciale de philosophie qui consiste à envisager les théories, dans quelque ordre d'idées que ce soit, comme ayant pour objet la coordination des faits observés, ce qui constitue le troisième et dernier état de la philosophie générale, primitivement théologique et ensuite métaphysique »[51]. En fait, dans sa fameuse loi de trois états, Comte enseigne que chaque branche de la connaissance est nécessairement assujettie dans sa marche à passer par trois états théoriques différents : d'abord l'état théologique ou fictif ; puis l'état métaphysique ou abstrait ; et enfin l'état scientifique ou positif[52]. Ce concept du « positif » réfère à ce qui est réel, opposé au chimérique, ce qui peut prétendre à la certitude par opposition à l'indécision, ce qui est précis à la différence de ce qui est vague, ce qui est utile par opposition à ce qui est oiseux, ce qui est relatif par opposition à ce qui est absolu[53].

Quant à la science, elle désigne chez Comte le système des règles méthodologiques selon lesquelles elle opère : la certitude sensible, la précision et l'utilité : a) la *certitude* de l'observation systématique assurant l'intersubjectivité ; b) la *précision* par la construction formellement contraignante des théories qui permettent de déduire des hypothèses nomologiques ; et c) l'*utilité* pour dire que les connaissances scientifiques doivent être techniquement exploitables, partageant pour ainsi dire la conviction de

---

[50] J. LADRIERE, *Vie sociale et destinée*, p. 201.

[51] A. COMTE, *Cours de philosophie positive.* Tome I. *Mathématiques. Sciences des corps bruts. Biologie,* Paris, Hermann, 1998, p. II.

[52] *Ibid.,* p. 21.

[53] *CI,* p. 108.

l'empirisme selon laquelle toutes nos saines spéculations sont nécessairement destinées à l'amélioration continue de notre vraie condition, individuelle et collective, au lieu de la vaine satisfaction d'une stérile curiosité[54].

De prime abord, sur le plan méthodologique, Habermas avoue ne pas comprendre comment ce qui n'était d'abord qu'une philosophie de l'histoire chez Auguste Comte en est devenu une philosophie des sciences. Car l'objectif initial du positivisme était d'indiquer les phases successives du développement intellectuel des individus comme celle de l'espèce humaine en général dans son auto-accomplissement. La loi de trois états, en tant que telle, n'a pas un fondement scientifique. Il s'agit plutôt d'une hypothèse philosophique dont l'auteur aimerait qu'elle soit acceptée, une loi dont la positivité n'est pas attestée scientifiquement :

> *Cette loi du développement a manifestement une forme logique qui ne correspond pas au statut des hypothèses nomologiques en usage dans les sciences expérimentales : le savoir qu'invoque Comte pour interpréter la signification du savoir positif n'est pas lui-même soumis aux déterminations de l'esprit positif*[55].

En plus, à propos de la définition même de la science selon Comte, elle conduit à relativiser le savoir positif qu'il défend, car « si la certitude, la précision et l'utilité sont des critères de scientificité de nos énoncés, on peut en déduire que notre connaissance est en principe inachevée et relative, ce qui correspond à la "nature relative" de l'esprit positif »[56]. Sur le plan épistémologique, Habermas pense que Comte a interrompu la question logico-transcendantale des conditions de possibilité de la

[54] *Ibid.*, p. 108-111.
[55] *Ibid.*, p. 111.
[56] *Ibid.*

connaissance, laquelle question avait été considérée par lui comme vide de sens, pour avoir défini implicitement la connaissance scientifique par les seules réalisations des sciences :

> *La clé de voûte du positivisme est le principe du scientisme selon lequel le sens de la connaissance est défini par ce que réalisent les sciences et, par conséquent, être expliqué de façon suffisante au moyen de l'analyse méthodique des procédés scientifiques. Une théorie de la connaissance qui transcende le cadre de la méthodologie comme tel tombe sous le coup du verdict d'outrance et d'absurdité qu'elle-même avait jadis prononcé contre la métaphysique*[57].

Ainsi donc, d'après Habermas, l'erreur principale du positivisme se situe dans le fait de se transformer en méthodologie des sciences et donc en savoir des règles de structuration et de vérification des théories scientifiques. En fait, dans la mesure où le positivisme met à l'écart le sujet de la connaissance, quelle que soit la forme qu'on lui a accordée dans l'histoire de la pensée philosophique : « conscience », « je », « esprit » ou « espèce », cette théorie des sciences assume la fonction prohibitive qui consiste à faire écran entre la recherche et une autoréflexion sur le plan de la théorie de la connaissance.

Le positivisme considère donc que les actes et les destins de l'histoire humaine relèvent à la rigueur de la psychologie des personnes empiriques auxquelles les sujets de la connaissance ont été rabaissés. Ces actes et destins ne jouent donc aucun rôle dans l'élucidation immanente du processus de la connaissance. Cette doctrine érige la méthodologie des sciences en une théorie de la connaissance. Or, il ne suffit pas de pratiquer une méthodologie, faut-il également qu'elle soit affirmée. Cette prétention n'est pourtant que provisoire et

---

[57] *Ibid.*, p. 102.

stratégique dans le positivisme. On a visiblement à faire avec une décision prise à l'avance par le positivisme qui n'est pourtant qu'un point de vue de la philosophie à l'égard de la science. La manière dont le positivisme conçoit les sciences modernes n'équivaut pourtant pas à la compréhension que les sciences ont d'elles-mêmes, dirait autrement Habermas : « L'auto-conception scientiste des sciences qu'il articule ne coïncide pas avec celles-ci »[58].

Certes, le modèle méthodologique défendu par le positivisme a favorisé le développement faisant de la philosophie une discipline qui ignore, elle aussi, l'accès privilégié à la connaissance. Néanmoins, estime Habermas, le positivisme n'a fait qu'encourager un scientisme, qui non seulement soumet la présentation de la pensée philosophique à des normes analytiques plus rigoureuses, mais encore érige des idéaux scientifiques à couper le souffle, qu'il s'agisse de disciplines telles que la physique ou la neurophysiologie, ou des démarches méthodologiques telles que celles du behaviorisme[59].

Le positivisme ne prend surtout pas en compte le lien transcendantal qui existe entre la connaissance et son intérêt, c'est-à-dire l'interdépendance entre la méthodologie des sciences et le processus de formation objectif de l'espèce humaine. A l'encontre de Kant qui avait reconnu dans le sujet les conditions transcendantales de la connaissance en général, Comte et les positivistes ont identifié la connaissance dans son ensemble à la science. Or, « même si la physique moderne réunissait les conditions d'une science, efficacité, rigueur, forme mathématique, richesse d'une empirie maîtrisée, elle a beau être le modèle d'un savoir clair et distinct et la science moderne ne coïnciderait pas pour autant avec la

---

[58] *Ibid.,* p 101.
[59] *PP-EP,* p. 14.

connaissance en général»[60]. Ainsi donc, pour devoir dépasser les limites épistémologiques du positivisme, Habermas en appelle à l'autoréflexion des sciences dans la mesure où elle permet de mettre en valeur la connexion entre la science et l'intérêt de la connaissance :

> *Je considère que la tâche d'une épistémologie non objectiviste est de montrer en détail que la logique de la recherche est la logique du lien existant entre l'a priori de l'expérience et de l'argumentation. Nous sommes placés en particulier devant la tâche d'analyser comment les procédés de mesure, qui règlent la transformation des expériences en données, assurent que les concepts fondamentaux des théories restent interprétables au sein des limites de l'objectivation, accomplie de manière préscientifique, de l'événement qui peut être connu par l'expérience*[61].

Peirce et Dilthey s'étaient initialement engagés sur cette voie de l'autoréflexion, l'un dans le domaine des sciences naturelles et l'autre dans les sciences historico-morales. Mais ni l'un ni l'autre ne sont allés jusqu'au bout à cause de la réduction positiviste de la connaissance. Peirce a réduit le contexte objectif de la science au domaine où s'exerce l'activité rationnelle par rapport à une fin (*Zweckrational*)[62], tandis que Dilthey est resté, lui aussi, si soumis au pouvoir du positivisme qu'il suspend l'autoréflexion des sciences morales au point précis où l'intérêt pratique de la connaissance est compris comme la base de toute la connaissance herméneutique possible et non comme sa corruption. Ce faisant, il retombe dans l'objectivisme. Or, si Peirce et Dilthey avaient poussé jusqu'au bout l'autoréflexion des sciences qu'ils avaient entreprise, ils auraient constaté l'un et l'autre que la

---

[60] *CI.*, p. 223.
[61] *Ibid*, p. 356.
[62] *Ibid.*, p. 154-155.

méthodologie des sciences de la nature permet de mettre au jour une connexion spécifique entre le langage et l'activité instrumentale, d'y reconnaître une connexion objective et en déterminer le rôle transcendantal. Il en est de même de la méthodologie des sciences morales. Elle aboutit à établir la connexion entre le langage et l'interaction[63].

En fait, dans l'acte de l'autoréflexion, le sujet de la connaissance, qui s'était nié par la méthode scientifique, revient à lui-même et se reconnaît dans le processus de la connaissance. Il découvre la coïncidence ou la connexion immédiate de la connaissance avec l'intérêt qui l'anime, c'est-à-dire l'intérêt que l'on a à s'émanciper de ce pouvoir[64]. Très précisément, l'autoréflexion des sciences met au jour le lien pré-réfléchi qu'il y a entre l'analyse empirique qui explore la réalité du point de vue d'une manipulation technique des processus naturels objectivés d'une part, et l'analyse herméneutique qui assure l'intersubjectivité d'une compréhension entre individus d'autre part[65]. Habermas précise le sens du concept d'intérêts de la connaissance :

> *J'appelle intérêts les orientations de base liées à certaines conditions fondamentales de la reproduction et de l'autoconstruction possibles de l'espèce humaine, c'est-à-dire au travail et à l'interaction. [...] Les intérêts qui commandent la connaissance se définissent seulement par rapport aux problèmes de la conservation de la vie qui sont posés objectivement et auxquels répond la forme culturelle comme telle d'existence. Le travail et l'interaction incluent ipso facto les processus d'apprentissage et de compréhension mutuelle*[66].

---

[63] *Ibid.*, p. 212.
[64] *Ibid.*, p. 331-332.
[65] *Ibid.*, p. 225.
[66] *Ibid.*, p. 230.

Loin d'être arbitraires, ni moins de se réduire à des déterminations empiriques[67], les intérêts de la connaissance peuvent faire objet des reconstructions rationnelles en tant qu'intérêts généraux, c'est-à-dire les conditions de possibilité de l'objectivité des expériences[68]. Habermas distingue trois types d'intérêts généraux de la connaissance : l'intérêt technique, en tant que structure fondamentale du travail ; l'intérêt pratique du point de vue des interactions sociales, et l'intérêt émancipatoire par rapport à la compréhension de soi :

(a) *L'intérêt technique* est la structure déterminante des sciences naturelles, ou empirico-analytiques, dans la mesure où, par définition, elles constituent un savoir techniquement exploitable. Leur cadre général d'exploitation est le travail, dans ce sens qu'elles sont transcendentalement orientées vers la manipulation technique des objets. Leur processus d'investigation est donc organisé dans le cadre préréfléchi de l'activité instrumentale de telle sorte que c'est nécessairement du point de vue de la manipulation technique (*Verfügung*) que la nature devient un objet de connaissance. La visée manipulatoire ou technique se situe au fondement de la connaissance *possible* dans le domaine des sciences naturelles. Ici, le concept de *possibilité* est transcendantal dans le sens d'un programme concret pour une activité future à telle enseigne que sont « réels les résultats possibles de toute opération, parce que ses effets sont obtenus quels que soient le moment et le nombre de ces opérations, pourvu qu'elles soient faites dans les conditions spécifiées[69]. C'est ainsi que le critère de l'efficacité technologique y fonctionne comme test de

---

[67] *Ibid.*, p. 230.
[68] *Ibid.*, p. 361.
[69] *Ibid.*, p. 164.

vérité scientifique. Comme le dirait Jean Ladmiral ce critère n'est pas d'une utilité adventive, un surcroît de commodité qui leur serait extérieur et viendrait en ''plus'' »[70].

(b) *L'intérêt pratique* est la structure déterminante des sciences humaines et sociales, ou historico-herméneutiques, dans ce sens qu'elles sont par nature orientées vers la pratique visant à constituer et à maintenir l'intersubjectivité humaine. Leur processus d'investigation se réalise sur le plan préréfléchi de l'activité communicationnelle, de sorte que l'explication d'ensembles significatifs est nécessairement subordonnée au point de vue du maintien possible de l'intersubjectivité de la compréhension mutuelle (*Verständigung*)[71].

(c) *L'intérêt émancipatoire* est la structure déterminante des sciences critiques comme la psychanalyse et la philosophie. C'est l'intérêt qui vise à détruire les pseudo-aprioris, à libérer de toutes les dominations sociales et de toutes les contraintes intérieures de l'individu. C'est le genre spécifique d'intérêt de la connaissance qui assure le lien entre le savoir théorique avec une pratique vécue, c'est-à-dire avec un « domaine d'objet » qui naît seulement dans les conditions d'une communication systématiquement déformée et d'une répression en apparence légitimée[72].

En un mot, c'est grâce à l'autoréflexion qu'on peut éviter la réduction méthodologique de la science, c'est-à-dire la confusion catégoriale entretenue par le positivisme entre l'*aptitude à disposer des choses (Verfügenkönen),* rendue possible par les sciences empiriques, avec les aptitudes à *l'action éclairée* (*Aufgeklärt*) qui fondent les

---

[70] *Ibid.*, p. 18.
[71] *Ibid.*, p. 317.
[72] *Ibid.*, p. 358-359.

sciences critiques. Ainsi donc se justifie la vision moderne de l'émancipation, autrement dit l'espoir de *l'Aufklärung* selon lequel la science comporte la tâche de nous orienter ou de nous éclairer dans l'action[73].

[73] *TSI,* p. 86.

CHAPITRE 2

La techno-science comme idéologie

Une approche sociocritique des orientations scientifiques

Nous venons de souligner dans le premier chapitre le fait que la recherche de la vérité dans les sciences naturelles bute paradoxalement à la réduction positiviste de la connaissance et que la voie de l'autoréflexion était absolument nécessaire pour s'auto-approprier des intérêts mêmes de la connaissance scientifique : intérêt technique, intérêt pratique et intérêt émancipatoire. Néanmoins, une telle conception de la connaissance est trop théorique pour pouvoir appréhender effectivement les fondements idéologiques de la science moderne comme activité sociale.

Mais parler de la science comme idéologie, comme le prévient Michel Foucault, « ce n'est pas mettre en question des situations ou des pratiques que la science reflète d'une façon plus ou moins consciente, ni moins de celle de son utilisation éventuelle ou de tous les mésusages qu'on peut en faire, mais la question de son existence comme pratique discursive et de son fonctionnement parmi d'autres pratiques sociales. En s'attaquant au fonctionnement idéologique d'une science pour le faire apparaître et pour le modifier, on ne remet pas en question les présupposés philosophiques qui peuvent l'habiter, c'est-à-dire les fondements qui l'ont rendue possible et la légitiment. Ce n'est pas non plus s'attaquer aux contradictions formelles de ses propositions, mais au système de formation de ses objets, de ses types d'énonciations, de ses concepts, de ses choix théoriques »[1].

Dans un premier temps, en évoquant l'alliance historique entre la science et le capitalisme avancé, nous démontrerons par le fait même comment la science et la technique participent directement du projet global de la société capitaliste. Ensuite, nous réfléchirons sur ce que nous considérerons comme étant le second paradoxe du pouvoir du savoir scientifique moderne, c'est-à-dire le projet de la libération matérielle au risque de l'instrumentalisation de l'homme. Enfin, d'près Habermas, nous expliquerons dans quel sens le modèle pragmatique de la discussion rend possible la libération de l'idéologie capitaliste par la démocratisation de la Technique.

2.1. L'alliance entre la science, la technique et l'économie capitaliste

« Depuis des centaines d'années, écrit Habermas, la science et la technique sont devenues un processus orienté ; dans ces deux domaines notre savoir et notre pouvoir s'étendent de façon cumulative ». Et de renchérir : « Finalement, dans les pays industrialisés avancés, la science, en tant que moteur du progrès technique, est devenue elle-même la première force productive. « […] Or ce système, qui constitue la base matérielle des sociétés

[1] M. FOUCAULT, *L'archéologie du savoir,* Paris, Gallimard, 1969, p. 242-243.

modernes, ne fonctionne pas selon les plans que coordonnent les sujets agissants. L'ensemble dynamique formé par l'enchevêtrement de la science, de la technique, de l'industrie, de l'administration et de l'armée, se structure hors de portée au-dessus des hommes. Le progrès technique suit son chemin sans directives extérieures ni ordres venus d'en bas ; il se transforme pour ainsi dire en processus naturel »[2] .

En fait, il nous faudra dépasser la conception théorique de la science comme système de production des connaissances. La science en train de se faire, la science moderne en tout cas, est une activité profondément sociale, c'est-à-dire une production résultant de la collaboration de plusieurs travailleurs qui mettent en commun leur savoir-faire et leur dessein social complexe. On y voit de nombreux professionnels interagir, chacun à sa manière, sur le monde de la nature. A chaque étape du développement scientifique, il y a une série de techniques qui permettent de formuler, d'exprimer et de tester les théories qui en définissent le domaine[3]. En tant que telle, la science présuppose des finalités, des planifications de la coordination, des exécutions et la responsabilité pour assumer une action d'un genre particulier comme l'action de connaître[4].

De ce point de vue historico-critique, la science n'est pas neutre d'idéologie, surtout si nous entendons par *idéologie* un ensemble plus ou moins systématisé de croyances, d'idées, de spéculations, de doctrines vagues et nébuleuses, influant sur le comportement individuel et collectif. L'enjeu de la réflexion, c'est de considérer l'ambivalence de toute idéologie. D'une part, la première

---

[2] *TP2,* p. 115-116 et 121-122.
[3] J.R. RAVETZ, cité par A.F. CHALMERS, *op.cit.,* p. 55.
[4] S. LAVELLE, « Quand connaître, c'est agir », *art.cit.,* p. 57.

dimension de l'idéologie consiste à légitimer l'ensemble de ses objectifs, en présentant de manière cohérente l'action et l'identité du groupe, comme fondées. D'autre part, elle occulte dans la même mesure les incohérences ou les intérêts inavoués dans l'action du groupe[5].

Cette double dimension de l'idéologie se reconnaît sans doute dans le déploiement socio-culturel de la science moderne, et très précisément, dans le développement du capitalisme. Primitivement considéré comme le régime social dans lequel les capitaux, ou les moyens de production, n'appartiennent pas à ceux qui les rendent productifs par leur travail, le capitalisme avancé désigne depuis les XIXe et XXe siècles le régime de grande industrie et de propriété privée dans les pays les plus civilisés[6].

> *« L'expression de "capitalisme organisé" ou "réglé par l'Etat",* précise Habermas*, se réfère à deux classes de phénomènes qui peuvent être toutes les deux rapportées à l'état avancé du processus d'accumulation : au processus de concentration des entreprises [...] et à l'organisation des marchés du travail, du capital et des biens d'une part, et d'autre part au fait que l'Etat interventionniste s'immisce dans les lacunes fonctionnelles toujours plus importantes du marché »*[7].

Plus que Habermas, Herbert Marcuse a analysé le capitalisme avancé comme un projet global de la société industrielle avancée. Ce projet vise à résoudre les problèmes matériels qui se posent à la survie de l'homme, par l'organisation et la planification systématique de l'entreprise économique. Pour ce faire, la société

---

[5] P. RICŒUR, cité par B FELTZ, *La science et le vivant. Introduction à la philosophie des sciences de la vie,* Bruxelles, Ed. Boeck, 2003, p. 85.

[6] A. LALANDE, *op.cit.,* p. 121.

[7] *RL,* p. 59-60.

industrielle avancée recourt aux technologies de pointe. Grâce à la technique, cette société devient capable d'assurer la productivité et la croissance économique, d'organiser le travail mécanisé et concentrer l'entreprise économique ; capable également d'endiguer la satisfaction et le chômage "prématurés " pour une société qui incite sans cesse à la productivité et à la satisfaction des besoins socialement profitables[8].

Aussi faut-il compléter que la société capitaliste avancée se donne pour objectif de répondre aux défis de l'accroissement de la population. Car, même si l'accroissement de la population peut être l'indice d'une grande possibilité de vie meilleure, il signifie aussi que la vie est non contenue et prématurée. L'accroissement de la population réduit au minimum les chances de vie individuelle, diminue l'espace physique et mental pour l'autonomie et l'intimité de chacun[9].

C'est depuis le dernier quart du XIXe siècle, précise Habermas, que l'on assiste à une double évolution tendancielle dans les pays industriellement développés. D'une part il y a un accroissement de l'activité interventionniste de l'Etat, qui doit assurer la stabilité du système, et d'autre part une interdépendance croissante de la recherche et de la technique qui fait que les sciences représentent maintenant la force productrice la plus importante du système. Ce lien tend à détruire le type des relations pratiques entretenues par le cadre institutionnel, les réduisant aux sous-systèmes d'activité rationnelle par rapport à une fin, autrement dit les activités instrumentales qui jusque-là faisaient l'originalité du capitalisme libéral. Paradoxalement, ce sont à leur tour la science et la

---

[8] H. MARCUSE, *Le problème du changement social dans la société technologique,* p. 54.
[9] *Ibid.*

technique qui assument aussi la fonction de donner à la domination ses légitimations[10].

> *Avec l'apparition de la recherche industrielle à une grande échelle,* précise Habermas, *science, technique et mise en valeur industrielle se sont trouvées intégrées en un seul et même système. Entretemps, la recherche industrielle a été couplée avec la recherche scientifique sur commandes d'Etat qui favorise en premier lieu les progrès scientifiques et techniques dans le domaine militaire. [...]. C'est ainsi que science et technique deviennent la force productrice principale, supprimant ainsi les conditions d'application de la théorie de la valeur-travail telle qu'on la trouve chez Marx*[11].

Selon Gérard Fourez, auteur de *La science partisane,* livre au titre évocateur, au XXe siècle, marqué à la fois par une prodigieuse vitalité des milieux scientifiques et par une intensification des liens entre science et société, les découvertes les plus éblouissantes de la science sont allées de pair avec le développement de la technocratie ; les relations entre science et puissance vont de plus en plus dominer la manière dont la société considère le travail scientifique. En fait, « la science offre ses services au pouvoir et devient partie prenante de ses décisions, tandis que le pouvoir se sert de la science et devient partie prenante de son destin. La convergence des intérêts du pouvoir et du savoir est inscrite à la fois dans la science – savoir c'est pouvoir – et dans les objectifs de l'Etat – pouvoir, c'est savoir »[12].

François Lurçat, quant à lui, dans *L'autorité de la science,* met en évidence le fait qu'en caractérisant souvent la science par le concept de « la recherche », on

---

[10] *TSI,* p. 37.

[11] *Ibid.,* p. 43-44.

[12] G. FOUREZ, *La science partisane. Essai sur les significations des démarches scientifiques,* Gembloux, Ed. Duculot, 1974, p. 14-15.

doit savoir que la recherche sous-entend l'activité socialement définie et organisée des chercheurs et des institutions *ad hoc*. Sa réalité est économique, politique et sociale : elle crée des emplois, est l'objet des affrontements divers, consomme des crédits, aboutit à des objets ou à des procédés techniques qui ont des effets sur les hommes et sur la société[13]. Ainsi donc, « la science n'est pas seulement une recherche de vérités d'un certain genre et une forme d'activité sociale ; elle est aussi une puissance idéologique, qu'on pourrait appeler la Science, avec une majuscule. Appuyée sur des institutions, sur des liaisons économiques, sur une propagande médiatique, elle diffuse (par l'enseignement et par les médias) des connaissances, mais aussi une idéologie dont le noyau essentiel est le physicalisme »[14]. Voici comment Sylvain Lavelle décrit le statut de la science au XXe siècle :

> *Au cours de ce siècle, la science expérimentale, en tout cas, a changé de nature. Elle est devenue une manifestation socioculturelle d'importance qui oriente le sort de nos sociétés. Si la science exerce aujourd'hui une influence si profonde sur la vie sociale, dont elle a modifié jusqu'au système de valeurs, ce n'est pas seulement à cause des représentations nouvelles qu'elle propose de la réalité. C'est aussi, et surtout, parce qu'elle a produit un ensemble de pratiques, de techniques, des machines qui transforment les modes de vie. [...]. Il ne s'agit pas seulement de déchiffrer le monde, mais aussi de le transformer*[15].

En fait, l'expression de techno-science que nous employons, séparée par un trait d'union, afin de traduire

---

[13] F. LURCAT, *L'autorité de la science. Neurosciences. Espace et temps, Chaos, Cosmologie*, Paris, Cerf, 1995, p. 42-43.
[14] *Ibid.*, p. 42.
[15] S. LAVELLE, « Quand connaître, c'est agir », in B. FELTZ-P. GOUJON, e.a., *Ethique, technique et démocratie,* Louvain-la-Neuve, Ed. Bruylant-Academia, 2007, p. 60-61.

l'alliance de deux sous-systèmes principaux du capitalisme avancé, sous-système de production des connaissances d'un côté, et celui de production et de gestion des moyens de subsistance d'un autre, équivaut à l'expression de « technoscience » selon Gilbert Hottois. Le philosophe des sciences et des techniques belge affirme avoir été le premier à utiliser cette expression dès le début des années 1970. Ce fut en vue de traduire non seulement la combinaison dans le domaine scientifique entre l'exercice théorique et les applications de la science, entre les chercheurs et les ingénieurs[16], mais aussi et surtout réagir contre l'exclusivité du tournant linguistique et des philosophies du langage[17].

A en croire Hottois, la connexion entre la science et la technique a dû s'imposer dans la science moderne pour la simple et bonne raison que le savoir théorique et l'opérativité technicienne sont importants et s'appellent mutuellement. Par ailleurs, les facteurs externes, telles les ressources économico-financières et la politique scientifique d'un Etat démocratique, ne peuvent pas être considérés comme de simples adjonctions à ce système. Ce sont des facteurs importants et nécessaires pour les progrès scientifiques et technologiques utiles à tout gouvernement national démocratique engagé à la

---

[16] G. HOTTOIS, *Philosophies des sciences, philosophies de techniques,* Paris, Odile Jacob, 2004, p. 143-144.

[17] On peut lire directement le témoignage de l'auteur : « J'ai commencé à utiliser le terme « technoscience » voici bientôt trente ans au milieu des années 1970. [...] Je voulais réagir contre cette inflation du langage culminant dans des discours autoréférentiels, décrochés de la réalité. Une réalité non plus fondamentalement naturelle, substantielle et à refléter, mais processuelle, opérable, interactive, technique... Mon insatisfaction concernait déjà aussi les philosophies des sciences – qui ne concevaient l'entreprise scientifique que comme théorique et discursive, logothéorique ». (*Ibid.*, p. 144-145).

résolution des problèmes matériels et de survie de la population. Par conséquent, la conception traditionnelle de la neutralité de la science et de la technique change dans la société capitaliste. Même si cette neutralité reste nécessaire pour assurer l'indépendance de la science par rapport aux contextes culturels, sociaux, symboliques, ou, plus classiquement, par rapport à la subjectivité et à l'intersubjectivité humaines, il se fait finalement que toute science et toute technologie est une invention et un artefact qui n'existe qu'en fonction de la société qui l'a construit et qui l'utilise[18].

Selon Marcuse, un double *a priori* idéologique caractérise le système capitaliste, durablement fondé sur les acquis de la science et de la technique : d'un côté l'*a priori* matériel ou technique, et de l'autre côté *l'a priori* politique. L'*a priori* matériel ou technique présuppose que toute opération scientifique doit permettre de transformer la nature et que ce postulat ne doit souffrir d'aucune restriction, à l'exception des limites imposées par l'état des connaissances et des techniques en vigueur :

> *Il n'y a pas d'autres limites objectives, pour transformer l'homme et la nature, que celles qu'offrent l'état de fait brut de la matière, sa résistance au contrôle et à la connaissance, résistance dont on n'est pas encore venu à bout. Dans la mesure où on peut appliquer cette conception à la réalité, avec efficacité, on peut dire que cette réalité est approchée en tant que système (hypothétique) d'instrumentalités : [...] Et même, une fois qu'elle a prouvé son efficacité, cette conception œuvre a priori, elle prédétermine l'expérience, elle projette dans quel sens on doit transformer la nature, elle organise le tout*[19].

[18] *Ibid.*, p. 174-175.

[19] H MARCUSE, *L'homme unidimensionnel. Essai sur l'idéologie de société industrielle avancée,* Paris, Ed. de Minuit, 1968, p. 193.

A l'origine de cet *a priori*, il y a la philosophie de la physique moderne qui nie ou met en question la réalité du monde extérieur : soit on sursoit tout jugement sur ce qui peut être la réalité elle-même, soit on considère que c'est une question qui n'a pas de sens ou à laquelle on ne peut pas répondre. On passe de la métaphysique de l'être en tant qu'être (« *Qu'est-ce qui est…* ? ») à l'être en tant qu'étant matériel (« *Comment ce qui est ?* »), ceci étant considéré comme la voie qui permet d'établir une certitude, pas du tout absolue, et une pratique qui, au cours de ses opérations avec la matière, est, avec bonne conscience, libre de tout engagement à une substance extérieure au contexte opérationnel[20].

Quant à l'*a priori* politique, il présuppose que tous les éléments du système capitaliste doivent être maîtrisés, y compris l'homme lui-même. C'est d'autant dire que « les principes de la science moderne ont été structurés a priori d'une manière telle qu'ils ont pu servir d'instruments conceptuels à un univers de contrôle productif qui se renouvelle par lui-même ; l'opérationalisme théorique en est arrivé à coïncider avec l'opérationalisme pratique. […] Aujourd'hui la domination continue d'exister, elle a pris de l'extension au moyen de la technologie mais surtout en tant que technologie ; la technologie justifie le fait que le pouvoir politique en s'étendant absorbe toutes les sphères de la culture »[21].

2.2. La libération matérielle au risque de l'instrumentalisation de l'homme

« Indissociables l'une de l'autre, et indûment dissociées, écrit Habermas, la science et la technique

[20] *Ibid.*
[21] *Ibid.*, p. 201.

balaient l'ensemble des valeurs anciennes, métaphysiques, religieuses, morales. On a à faire avec un type spécifique d'idéologie qui d'une part n'a pas le principe opaque d'un aveuglement qui se contente de donner l'illusion d'une satisfaction des intérêts. Mais, d'autre part, masquant les problèmes de la pratique, cette idéologie justifie non seulement l'intérêt partiel d'une classe déterminée à la domination, mais aussi elle réprime le besoin partiel d'émancipation d'une autre classe parce qu'elle affecte jusqu'à l'intérêt émancipatoire de l'espèce dans son ensemble »[22].

L'enjeu est de taille. Le problème principal de la techno-science comme idéologie, c'est l'articulation très complexe entre la libération matérielle et la domination rationalisée de l'homme. Pour Edmund Husserl, la crise des sciences européennes est liée à l'oubli du sens de l'action humaine comme ordonnée à la vie qui vaut la peine d'être vécue. « De simples sciences de faits forment une simple humanité de fait, déclare-t-il. Or, les questions que la science moderne exclut par principe sont celles-là mêmes qui paraissent les plus brulantes à notre époque, « ce sont les questions qui portent sur le sens ou sur l'absence de sens de toute cette existence humaine.[...] Ces questions atteignent finalement l'homme en tant que dans son comportement à l'égard de son environnement humain et extra-humain il se décide librement, et en tant qu'il est libre dans ses possibilités qui sont les siennes de donner à soi-même et de donner à son monde-ambiant une forme de raison »[23].

Dans le même ordre d'idées, le phénoménologue français Michel Henry ne s'empêche pas de stigmatiser le

---

[22] *TSI,* p. 55.

[23] E. HUSSERL, *La crise des sciences européennes et la phénoménologie transcendantale*, Paris Gallimard, 1976, p. 10.

fait que la science moderne, la science galiléenne en tout cas, procède de l'absence de référence au monde-de-la-vie et à la vie elle-même. Voilà pourquoi elle ne fait que participer de la régression de la culture au profit de la technique[24]. Les expressions telles que la régression de la culture ou le désenchantement de la culture ne traduisent-elles pas la même idée développée par Ladrière, c'est-à-dire le déracinement ou la déstructuration de l'homme en tant qu'être qui se comprend intégralement comme un être vivant, à la fois naturel et culturel ?

> *La déstructuration de la culture, ce n'est pas seulement la mise en question, à la fois pratique et théorique, de la tradition, de son autorité et de ses garanties, la perte d'efficacité des différentes formes de langage [...] c'est beaucoup plus profondément, l'ébranlement des assises mêmes sur lesquelles l'existence humaine, jusqu'ici, avait réussi à se construire, la rupture d'un certain accord qui, tant bien que mal, avait pu s'établir entre l'homme et les différentes composantes de sa condition, le cosmos, son passé, et son propre monde intérieur (tel qu'il se manifeste dans l'affectivité, l'imaginaire et toutes les représentations issues de la vie pulsionnelle*[25].

Herbert Marcuse et Jürgen Habermas semblent avoir beaucoup plus approfondi cette problématique qu'il importe de nous y attarder quelques instants. Marcuse a mis en exergue le fait que « (La) puissance libératrice de la technologie – instrumentalisation des choses – se convertit en obstacle à la libération, elle tourne à l'instrumentalisation de l'homme »[26]. C'est la thèse même que Habermas reprend et approfondi dans *La technique et la science comme « idéologie »*. En fait, selon Marcuse, dans

---

[24] M. HENRY, *La barbarie*, Paris, Grasset et Fasquelle, 1987, p. 11-12.

[25] J. LADRIERE, *Les enjeux de la rationalité,* p. 103.

[26] *TSI,* p. 1.

les sociétés industrielles avancées, « la rationalité technique et scientifique et l'exploitation de l'homme se trouvent liées l'une à l'autre dans des formes nouvelles de contrôle social »[27].

Sous ce paragraphe, Marcuse précise le sens de sa thèse de l'homme unidimensionnel :

> *Ce que j'essaie de montrer, c'est que la science, à cause de sa méthode et de ses concepts, a fait le projet d'un univers dans lequel la domination sur la nature est restée liée à la domination sur l'homme et qu'elle a favorisé cet univers – et ce trait d'union a tendance à devenir fatal pour cet univers dans son ensemble.[...] Ainsi la hiérarchie de la Raison et la hiérarchie de la société s'interpénètrent*[28].

Finalement, Marcuse en arrive à l'idée qu'il n'est pas possible de parler de la neutralité de la science et de la technique. « Devant les aspects totalitaires de la société capitaliste et industrielle, conclut-il, il n'est plus possible de parler de la "neutralité" de la technologie, ni de l'isoler de l'usage auquel elle est destinée. La société technologique est un système de domination qui fonctionne au niveau même des conceptions et de construction techniques. A mesure que le projet technocratique se développe, il façonne l'univers du discours et de l'action, de la culture sur le plan matériel et sur le plan intellectuel. Par le truchement de la technologie, la culture, la politique et l'économie s'amalgament dans un système omniprésent qui dévore ou qui repousse toutes les alternatives »[29].

En fait, ce que Marcuse tient encore à souligner, c'est que dans les sociétés industrielles avancées, les réalisations du progrès scientifique défient leur mise en cause idéologique aussi bien que leur justification. Devant

---

[27] H. MARCUSE, *L'homme unidimensionnel,* p. 187.
[28] *Ibid.,* p. 209.
[29] *Ibid.,* p. 24-25.

les aspects totalitaires de cet appareil technique, toute opposition est condamnée d'avance à son anéantissement[30]. L'appareil technique dont il est question, en un mot « la Technique », selon Habermas, c'est « le pouvoir rationalisé scientifiquement dont nous disposons sur des processus objectivés d'un côté ; et on entendra en outre par là le système où la recherche et la technique sont couplées en *feed-back* avec l'économie et l'administration »[31].

Scientifiquement rationalisé, cet appareil technique constitue l'instrument très efficace de domination. D'où la conclusion quasi-fataliste de Marcuse : « Nous vivons et nous mourons sous le signe de la rationalité et de la production, déclare Marcuse. Nous savons que l'anéantissement est le tribut du progrès de même que la mort est le tribut de la vie, nous savons que la destruction et le labeur sont nécessaires au préalable pour obtenir la satisfaction et la joie, nous savons que les affaires doivent prospérer, nous savons qu'envisager d'autres choix est l'Utopie »[32].

Dans la même perspective, Max Weber avait noté que le progrès des sciences modernes, qui a conduit à la sécularisation de la société occidentale et au désenchantement des cultures, a produit en même temps un esprit, « l'esprit du capitalisme », autrement dit la morale du profit, une philosophie de l'avarice :

> *Le propre de cette philosophie de l'avarice semble être l'idéal de l'homme d'honneur dont le crédit est reconnu et, par-dessus tout, l'idée que le devoir de chacun est d'augmenter son capital, ceci étant supposé comme une fin en soi. [...]. En violer les règles est non seulement insensé, mais doit être traité comme une sorte d'oubli du devoir. Là*

---

[30] *Ibid.*, p. 31.
[31] *TSI*, p. 88.
[32] H MARCUSE, *L'homme unidimensionnel*, p. 187.

réside l'essence de la chose. Ce qui est enseigné ici, ce n'est pas simplement le "sens des affaires" [...]. C'est un éthos[33].

Le devoir suprême de cette morale consiste à « bien se conduire dans la vie », une obligation que l'individu est supposé ressentir et qu'il ressent à l'égard de son activité professionnelle. Le devoir s'accomplit dans l'exercice d'un métier, d'une profession (*Berufspflicht).*Quant au bien suprême, le *summum bonum*, il consiste à gagner de l'argent, toujours plus d'argent, tout en se gardant strictement de jouissances spontanées de la vie. L'argent doit être considéré comme une fin en soi, indépendamment du bonheur de l'individu ou de l'avantage qu'il peut en tirer[34]. Weber en trouvera la meilleure illustration des normes fondamentales dans le Sermon de Benjamin Franklin :

(1) *Souviens-toi que le temps, c'est de l'argent* ;

(2) *Souviens-toi que le crédit, c'est de l'argent ;*

(3) *Souviens-toi que l'argent est, par nature, générateur et prolifique* ;

(4) *Souviens-toi du dicton : le bon payeur est le maître de la bourse d'autrui ;*

(5) *Garde-toi de penser que tout ce que tu possèdes t'appartient et de vivre selon cette pensée*[35].

---

[33] M. WEBER, *L'éthique protestante et l'esprit du capitalisme,* Paris, Plon, 1972, p. 48-49.

[34] *Ibid.,* p. 52.

[35] (1) « Souviens-toi que le temps, c'est de l'argent » : « Celui qui, pouvant gagner dix shillings par jour en travaillant, se promène ou reste dans sa chambre à paresser à moitié du temps,[...], bien que ses plaisirs, que sa paresse, ne lui coûtent que six pence, celui-là ne doit pas se borner à compter cette seule dépense. Il a dépensé en outre, jeté plutôt, cinq autres schillings » ; (2) « Souviens-toi que le *crédit*, c'est de *l'argent*. Si quelqu'un laisse son argent entre mes mains alors qu'il

A cause d'une telle réduction matérialiste, Weber désespère littéralement de l'émancipation humaine au sens de l'*Aufklärung*. Le capitalisme enferme l'homme dans le cercle de la production et de la consommation de masse, dépourvu de fondements immatériels ou spirituels. D'où sa très célèbre métaphore de la « *cage de fer* » où la dépendance totale des conditions techniques et économiques de la production mécanique et machiniste détermine, avec une force irrésistible, le style de vie de l'ensemble des individus nés dans ce mécanisme[36]. En tout cas, le suspens de Weber s'explique : « Nul ne sait encore qui, à l'avenir, habitera la cage, ni si, à la fin de ce processus gigantesque, apparaîtront des prophètes entièrement nouveaux, ou bien une puissante renaissance des penseurs et des idéaux anciens, [...]. En tout cas, pour les "derniers hommes" de ce développement de la civilisation, ces mots pourraient se tourner en vérité : "spécialistes sans vision et voluptueux sans cœur" – ce néant s'imagine avoir gravi un degré de l'humanité jamais atteint jusque-là »[37].

lui est dû, il me fait présent de l'intérêt ou encore de tout ce que je puis faire de son argent pendant ce temps. Ce qui peut s'élever à un montant considérable si je jouis de beaucoup de crédit et que j'en fasse bon usage » ; (3) « Souviens-toi que l'argent est, par nature, générateur et prolifique. L'argent engendre l'argent, ses rejetons peuvent en engendrer davantage, et ainsi de suite. [...] » ; (4) « Souviens-toi du dicton : *le bon payeur est le maître de la bourse d'autrui*. Celui qui est connu pour payer ponctuellement et exactement à la date promise, peut à tout moment et en toutes circonstances se procurer l'argent que ses amis ont épargné. Ce qui est parfois d'une grande utilité. [...] »; (5) « Garde-toi de penser que tout ce que tu possèdes t'appartient et de vivre selon cette pensée. C'est une erreur où tombent beaucoup de gens qui ont du crédit. Pour t'en préserver tiens un compte exact de tes dépenses et de tes revenus » (*Ibid.,* p. 46-47).

[36] *Ibid.,* p. 249-250.

[37] *Ibid.,* p. 251.

Pour n'évoquer que deux autres noms dans cette analyse, Martin Heidegger et Jacques Ellul sont intéressants pour articuler le paradoxe qui nous préoccupe. D'abord dans ses considérations métaphysiques, Heidegger avait considéré que la technique était simplement un mode de dévoilement de la nature, une interpellation au sens d'une pro-vocation de l'être de la chose. Ce dévoilement se réalise sous le mode de l'arraisonnement, la liberté créatrice par laquelle l'être même de la chose se dévoile, dévoile sa vérité. La technique est pour ainsi dire un acte *essentiellement* créateur et libérateur, comme la technique des artisans. C'est pourquoi elle ne peut pas être considérée d'emblée comme une fatalité ni comme un destin qui doit être considéré comme tel[38].

Mais plus tard, le métaphysicien allemand développera cette autre idée que la technique moderne est un ensemble de dispositifs élaborés et utilisés en vue de certaines fins. En tant que telle, elle est aussi un moyen très puissant au service de la domination politique et du contrôle universel, car elle incorpore les êtres humains dans son mécanisme et les mobilise comme des objets. Son mode de dévoilement n'est pas simplement instrumentalité, mais aussi et surtout une culture du contrôle universel. Rien n'échappe au contrôle de la technique, pas même ses créateurs humains. Ces humains, comme les choses qu'ils s'approprient techniquement, sont réduits par le dévoilement technique au statut des matières premières. Tout perd son intégrité en tant que partie d'un monde cohérent et est nivelé par le bas pour devenir un objet de la volonté pure[39]. Bernard Feltz nous en fait le résumé suivant :

---

[38] M. HEIDEGGER, *Essais et conférences*, Paris, Gallimard, 1958, p. 22.

[39] IDEM, cité par A. FEENBERG, *(Re)penser la technique. Vers une technologie démocratique,* Paris, Ed. La Découverte, 2004, p. 25.

Loin de libérer l'homme, la technique risque de l'asservir. C'est l'humain lui-même qui va être pris dans les rets du système technicien qui prend son autonomie totalisante. La visée totalisante de l'entreprise technicienne prend la forme d'un totalitarisme de la technique qui soumet l'homme à ses contraintes. Le développement technique conduit donc à terme à l'aliénation de l'être humain, par un asservissement à une logique qui échappe à l'homme[40].

Jacques Ellul, pour sa part, était préoccupé de savoir ce qu'était l'homme dans le système technicien, lequel système n'est pas seulement le facteur déterminant de la société moderne en général et occidentale en particulier, mais aussi et surtout un *tout* organisé qui s'accomplit dans une circulation incessante de « production-consommation », de production des biens industriels, des symboles, d'individus (par l'éducation), de loisirs, d'idéologies, de signes de services, d'informations[41]. « Qui est l'homme à qui on attribue pouvoir de choix, de décision, d'initiative, d'orientation ? Non plus un Grec du temps de Périclès, ni un prophète juif ni un moine du XIIe siècle. C'est un homme qui est tout entier plongé dans la sphère du technique. Il n'est pas autonome par rapport à ces objets. Il n'est pas souverain ni doté d'une personnalité irréformable »[42].

En fait, d'après Ellul, le système technicien procède par l'uniformisation ou l'homogénéisation de tous les autres systèmes de l'existence humaine : la vie sociale, le travail, le loisir, la religion, la culture, les institutions, tout ce qui formait « un ensemble lâche et complexe, où la vie réelle s'insérait, où l'homme trouvait à la fois une raison de vivre et une angoisse, toutes ces activités « déchirées et plus ou moins irréductibles les unes aux autres », tout cela

---

[40] M. HEIDEGGER, cité par B. FELTZ, *La science et le vivant,* p. 60.
[41] J. ELLUL, *Le système technicien*, Paris, Calmann, 1977, p. 7.
[42] *Ibid.*, p. 344.

est maintenant technicisé, homogénéisé, intégré dans un nouvel ensemble qui *n'est pas* la société. Il n'y a plus aucune organisation sociale ou politique significative possible pour cet ensemble dont chaque partie est soumise à des techniques, et liée aux autres par des techniques »[43]. Et, pour éviter les malentendus, Ellul précise que son problème est celui de l'autogestion des individus dans le système technicien, en tant qu'il limite considérablement les possibilités de libération de l'homme :

> *Encore une fois il ne faut pas du tout en conclure que cet homme est mécanisé, conditionné, qu'il est robot. Je n'ai jamais dit cela. Il reste parfaitement capable de choix, de décision, modification, orientations... Mais toujours à l'intérieur du cadre technicien et dans le sens d'une progression du technique. Il peut choisir. Mais ses choix porteront toujours sur des éléments seconds et jamais sur le phénomène global. Ses jugements seront toujours finalement définis par les critères techniques ...* [44].

Bref, d'après Ellul, la technique est la médiatrice universelle qui produit une médiation généralisée et totalisante. L'homme ne contrôle pas l'évolution technique étant donné que la technique fonctionne elle-même d'après ses propres lois. Avec la technique, la domination et la contrainte prennent les dimensions de l'universalité parce que les solutions proposées par la technique s'imposent d'elles-mêmes dans toutes les cultures à cause de leur efficacité. Elle est donc antihumaniste parce qu'elle supprime toute différence culturelle et prend des allures totalitaires, ne laissant aucune place à une intégration culturelle harmonieuse »[45].

---

[43] *Ibid.*, p. 23.
[44] *Ibid.*, p. 360.
[45] J. ELLUL, cité par B. FELTZ, *La science et le vivant*, p. 61.

2.3. Vers la démocratisation de la technique

Dans le cadre de la Nouvelle théorie critique de Francfort, la perspective habermassienne pour se préserver de la réification serait de démocratiser la technique, en tant que « (le) système où la recherche et la technique sont couplées en *feed-back* avec l'économie et l'administration »[46]. Il s'agissait en d'autres termes de promouvoir la discussion, en termes du dialogue (*Kommunikation*) intégralement *rationnel* anticipant la synthèse concrète entre théorie et pratique, au-delà de la « théorie critique » qui reste gagée sur l'avenir[47].

En fait, la Nouvelle théorie critique est née entre les années 1920-1930, à l'école des sciences sociales de Francfort. Les initiateurs s'étaient engagés à analyser aussi rigoureusement que possible les mécanismes qui étaient à la base de la réification sociale et de proposer des pistes de solution critiques à même de promouvoir l'idéal de l'émancipation. Le même idéal fut poursuivi, mais sous une autre forme, par la deuxième génération de Francfort, au lendemain de la Seconde Guerre mondiale. L'objectif poursuivi consistait à analyser très largement les déficits de la démocratie et de la justice, sans plus faire usage des concepts tels que « réification » ou même « commercialisation », qui dénotaient de pathologies sociales[48]. Néanmoins, déçue de promesses non tenues du marxisme, la seconde génération de Francfort espérait à l'instauration d'une société juste, mais en empruntant la voie de la dialectique, soit du point de vue de la philosophie de

---

[46] *TSI*, p. 88.

[47] J-R. LADMIRAL, « Préface », in *TSI*, p. XLV.

[48] A. HONNETH, *La réification. Petit traité de Théorie critique*, Paris, Gallimard, 2007, p. 13-14.

l'histoire, soit du point de vue de la philosophie des sciences[49].

C'est dans ce contexte de la seconde génération de l'école de Francfort que Habermas plaide pour la discussion, à l'encontre des propositions de Marcuse pour qui de la dialectique négative devraient déboucher la révolution de la technologie et une révolution politique en vue de la pacification sociale.

De prime abord, Habermas s'accorde avec Marcuse sur le fait que la technique et la science ne sont pas devenues seulement la première force productive qui fournit le potentiel d'une existence pacifiée et satisfaisante. Mais il s'agit également d'une idéologie très spécifique qui légitime une violence administrative coupée des masses[50]. Paradoxalement, la méthode scientifique, qui a permis une maîtrise toujours plus efficace de la nature, a fourni aussi les concepts purs et les instruments pour une domination toujours plus efficace de l'homme au moyen de la maîtrise de la nature. Cette domination s'étend aujourd'hui et se perpétue non pas seulement grâce à la technologie, mais en tant que technologie. Celle-ci fournit sa légitimation à

---

[49] Max Horkheimer relate : *« La deuxième génération de la Théorie critique résulte de la déception et des promesses non tenues de la révolution marxiste, raconte Max Horkheimer. Elle se fonde par ailleurs sur la conviction que la société va évoluer vers un monde totalement administré ; que tout va être réglé, tout ! Et précisément, lorsqu'on en sera arrivé au point où les hommes domineront la nature, où chacun aura suffisamment à manger, […]. On pourra alors régler tout automatiquement, qu'il s'agisse de l'administration de l'Etat, de la circulation ou de la consommation. C'est là une tendance immanente du développement de l'humanité, tendance qui peut assurément être interrompue par des catastrophes. Ces catastrophes peuvent être de nature terroriste : Hitler et Staline en sont des symptômes »*.(M. HORKHEIMER, *Théorie critique. Essais,* Prés. de Luc ferry et Alain Renaut, Paris, Payot, 2009, p. 331).

[50] *PPP*, p. 226.

un pouvoir politique qui prend de l'extension et absorbe en lui toutes les sphères de la civilisation[51].

Pour se libérer de cette idéologie, l'espoir de Marcuse résidait dans la dialectique négative, en tant que procès de libération contre la société établie[52], une « catastrophe de la libération », une lutte contre l'irrationalité rationalisée. Bref, une réflexion amenée à introduire dans le concept l'élément négatif-critique, la contradiction et la transcendance[53]. Et c'est justement parce que dans le contexte de la société industrielle, scientifiquement et technologiquement structurée, la philosophie est déjà malade du pouvoir que possède cette société à contenir toute sorte d'opposition interne. Mais comme toute société émancipée vit de la critique, la nouvelle théorie critique ne doit plus se retrancher derrière les vaines spéculations contemplatives. Au contraire, elle doit être une dialectique négative, une nouvelle manière de penser dont les concepts doivent être empiriquement définis comme des ressources et des capacités matérielles et intellectuelles disponibles pour la lutte et la pacification de l'existence[54].

En fait, la dialectique négative vise à prendre conscience des possibilités de libération qui se situent à l'intérieur d'un projet social déjà en marche et qui doit le dépasser[55]. L'aspect critique négatif de la dialectique négative vise précisément à nier les libertés traditionnelles existantes, comme la liberté économique, la liberté politique et la liberté intellectuelle, non pas parce que ces libertés ont perdu leur signification, mais parce que leur signification est trop grande pour être définie en termes traditionnels :

---

[51] H. MARCUSE, cité par J. HABERMAS, *TSI*, p. 9.
[52] H. MARCUSE, *L'homme unidimensionnel*, p. 274.
[53] *Ibid.*, p. 276.
[54] *Ibid.*, p. 272.
[55] *Ibid.*, p. 275.

Ainsi, avoir la liberté économique devrait signifier être libéré *de l'économie, de la contrainte exercée par les forces et les rapports économiques, [...]. Avoir la liberté politique devrait signifier pour les individus qu'ils sont* libérés *de la politique sur laquelle ils n'ont pas de contrôle effectif. Avoir la liberté intellectuelle devrait signifier qu'on a restauré la pensée individuelle, actuellement noyée dans les communications de masse, victime de l'endoctrinement, signifier qu'il n'y a plus de faiseurs d'« opinion publique» et plus d'opinion publique*[56].

Tout bien considéré, Marcuse part du fait que l'une des réalisations de la civilisation industrielle avancée est la régression non-terroriste et démocratique de la liberté – la non-liberté efficace, lisse, raisonnable qui semble plonger ses racines dans le progrès technique même[57]. Toutefois, précise-t-il, il n'est pas question de conclure à une certaine absence de libertés, mais d'admettre le fait qu'il est « techniquement » impossible d'être autonome et de déterminer sa propre vie dans la société capitaliste. Le manque de liberté n'y apparaît pas comme un fait irrationnel ou un fait qui a un caractère politique. Il s'agit plutôt du fait d'être soumis à l'appareil technique qui donne plus de confort à la vie et augmente la productivité du travail[58].

Il faut dans la même mesure révolutionner la technologie comme cheval de Troie de la société capitaliste. Il s'agit selon Marcuse de changer le *sens* du progrès technique. La nouvelle technologie, à la différence de celle qui est déjà là, instrument d'une politique destructive, aura pour but de créer les conditions d'une « existence pacifiée ». Et, le concept de la lutte pour la

---

56 H. MARCUSE, *Le problème du changement dans la société technologique,* p. 32.

57 *Ibid.,* p. 30.

58 IDEM, *L'homme unidimensionnel,* p. 201.

pacification de l'existence, en dépit de la pauvreté de cette expression, est une idée directrice qui signifie ce qui devrait être la fin de la technologie, c'est-à-dire l'établissement des relations entre l'homme et l'homme, et entre l'homme et la nature, des relations qualitativement différentes. Elle s'oppose à une accumulation du pouvoir, en appelle à une nouvelle technologie qui permette de vaincre au préalable la résistance de la nature qui est et demeure l'objet opposé au sujet qui agit.

Enfin, sur le plan politique, il faudrait organiser une lutte pour la pacification, un changement révolutionnaire, dont il serait absurde de déterminer *a priori* la forme concrète. On doit l'organiser à tâtons, au fur et à mesure, conformément à la méthode des essais et erreurs[59]. Toutefois, pour être concrète, cette lutte doit ressembler au socialisme dont les institutions premières et fondamentales de libération seront fondées sur des concepts suffisamment concrets comme « propriété collective, contrôle et planification collectifs des modes de production et de la répartition des ressources ». Il ne s'agit là que d'un fondement ou d'une condition nécessaire, et pourtant non suffisante de la société nouvelle. Le principe de ce fondement, c'est de rendre possible l'emploi de toutes les ressources nécessaires à l'abolition de la misère. C'est la condition même de la transformation de la quantité à la qualité, c'est-à-dire à la construction d'une réalité accordée à la sensibilité et à la conscience nouvelle[60].

Tout compte fait, la visée émancipatrice de la révolution envisagée par Marcuse consistait à promouvoir une nouvelle manière d'agir comme « *art de vivre, art de vivre bien, et art de vivre mieux* »[61]. A l'en croire, c'est là

---

[59] *Ibid.*, p. 288.
[60] IDEM, *Vers la libération. Au-delà de l'Homme unidimensionnel,* Paris, Ed. Minuit, 1969, p. 162.
[61] IDEM, *L'homme unidimensionnel,* p. 280.

que réside le sens même de la nouvelle éthique devant s'enraciner dans le fond de l'homme moderne, dans sa nature profonde, dans sa « biologie ». Car, si on n'y prend pas garde, le niveau atteint par les progrès technologiques ne fera que perpétuer la domination planifiée par les sociétés établies, incapables de bâtir le monde de la liberté[62].

Même si ces propositions ont l'air irréaliste, Marcuse le reconnaît, ce n'est pas parce qu'elles sont utopiques, mais c'est parce que les forces de domination qui s'opposent à leur réalisation sont tellement puissantes qu'elles juxtaposent simplement les besoins matériels et intellectuels, perpétuant par là les formes surannées de lutte pour l'existence[63]. Voilà pourquoi une révolte des jeunes générations devrait être organisée en tant que « capacité de refuser en bloc le système de domination et à proposer une transmutation radicale des valeurs qui se substituent aux manières usuelles et routinières de voir, d'entendre, de sentir, de comprendre les choses, et qui mettent l'organisme à même de percevoir les formes encore virtuelles d'un univers d'où seraient bannies l'agressivité et l'exploitation »[64].

Très tôt, Habermas pense autrement. L'idée de la discussion apparaît déjà dans un article de 1965, « Progrès technique et monde vécu social », paru dans *La technique et la science comme « idéologie »* : « L'irrationalité de la domination qui a pris maintenant les proportions d'un danger mortel collectif ne pourrait être surmontée que par la formation d'une volonté politique, liée au principe d'une discussion générale et exempte de domination, pense Habermas. Il n'est permis d'espérer une

[62] IDEM, *Vers la libération,* p. 16.

[63] IDEM, *Le problème du changement dans la société technologique,* p. 32.

[64] *Ibid.*, p. 18-19.

rationalisation de la domination que d'une situation où serait développée la puissance politique d'une pensée liée au dialogue. La force libératrice de la réflexion ne peut être remplacée par un déploiement de savoir techniquement utilisable »[65].

D'entrée dc jeu, Habermas récuse le fait que Marcuse, dont il partage par ailleurs les très profondes analyses sociologiques sur le système capitaliste, tout en poursuivant la visée pratique d'une théorie critique devant être défendue pratiquement, ce dernier comptait sur la contestation spontanée des groupes d'individus qui occupent les marges du système[66]. En outre, le projet qui consisterait à transformer la technique actuelle paraît invraisemblable dans ce sens que la technologie moderne opère effectivement dans son cadre transcendantal qui est celui de l'activité rationnelle par rapport à une fin. Révolutionner la technologie impliquerait donc de transformer son cadre transcendantal par celui d'une attitude de sollicitude et de soin libérant les potentialités de la nature[67].

Si à une Science nouvelle devrait correspondre une technique nouvelle, celle d'un « Projet » de l'espèce humaine dans son ensemble et non pas quelque chose qui puisse être dépassé historiquement, Habermas se demande ce que nous devrions faire autrement pour pouvoir renoncer à la technique actuelle au profit d'une autre qui en serait qualitativement différente, aussi longtemps que l'organisation de la nature humaine ne se modifie pas, et que nous devons continuer à entretenir notre existence grâce au travail social et à l'aide des moyens se substituant au travail[68].

---

[65] *TSI.,* p. 96.
[66] *Ibid.,* p. 224.
[67] *Ibid.,* p. 12.
[68] *Ibid.* p. 14.

Tout compte fait, Marcuse viserait moins l'élaboration d'une nouvelle technique qu'une attitude nouvelle vis-à-vis de la nature avec laquelle l'homme établirait la relation de sollicitude et de communication : « Au lieu de traiter la nature comme un objet (*Gegenstand)* dont il est possible de disposer techniquement, on peut aller à sa rencontre comme à celle d'un *partenaire* (*Gegen-spieler*) dans une interaction possible »[69].

Par contre, pour Habermas, apparaît plutôt très stimulante pour être poursuivie l'hypothèse marcusienne d'une communication libre entre les citoyens et non pas avec la nature encore enchainée qui ne pourrait pas être délivrée avant que la communication des hommes entre eux ne soit libre de toute domination. C'est seulement à cette condition de la communication libre et sans contrainte, et si chacun pouvait se reconnaître en l'autre, que l'espèce humaine pourrait peut-être reconnaître en la nature un autre sujet – « non pas, ainsi que le voulait l'idéalisme, reconnaître cette nature comme son Autre mais se reconnaître elle-même comme l'Autre de ce sujet[70].

L'exemple d'une telle communication, Habermas le perçoit d'abord, avant la théorie de l'agir communicationnel, dans le modèle pragmatique de la discussion que promeut le système capitaliste. Ce modèle a pour spécificité de promouvoir la démocratie, considérée ici précisément comme l'ensemble des « formes institutionnelles garanties d'une communication universelle et publique qui est consacrée à la question pratique de savoir comment les hommes peuvent et veulent vivre ensemble

[69] *Ibid.,* p. 14-15.
[70] *Ibid.,* p. 15.

dans les conditions objectives déterminées par le pouvoir immensément accru dont ils disposent sur les choses »[71].

A la différence du modèle technocratique de la discussion qui repose simplement sur le savoir de l'expert spécialisé dans la connaissance et les moyens utilisables pour le fonctionnement et le maintien du système, y compris le modèle décionniste qui est uniquement basé sur le pouvoir du politique qui l'emporte en prestige sur le technicien, le modèle pragmatique intègre nécessairement l'idée qu'il revient aux citoyens de choisir et de décider en commun en faveur de quelles techniques ils ont besoin pour vivre. En d'autres termes, le modèle pragmatique de la discussion intègre l'idée que l'orientation du progrès technique reste tributaire dans une large mesure des intérêts et des besoins sociaux, destinés à reproduire la vie sociale, même si ces besoins ne font pas toujours objet de la réflexion et du débat public. L'enjeu est de taille :

> *De par les conséquences socio-culturelles imprévues du progrès technique, l'espèce humaine s'est elle-même mise au défi non seulement de provoquer la destinée sociale qui est la sienne mais encore d'apprendre à la maîtriser. Et il n'est pas possible de relever ce défi lancé par la technique avec les ressources de la technique. Il s'agit bien plutôt d'engager une discussion publique, [...], qui mette en rapport de façon rationnelle et obligatoire le potentiel dont la société dispose en matière de savoir et de pouvoir technique avec notre savoir et notre vouloir pratiques*[72].

Le modèle pragmatique de la discussion justifie le fait qu'on ne doit pas se contenter de mettre en œuvre des moyens techniques ou d'appliquer des normes de comportement traditionnelles, les uns et les autres étant

---

[71] *Ibid.*, p. 88.
[72] *Ibid.*, p. 95.

pris séparément[73]. Au contraire, il importe de savoir « comment est possible une traduction du savoir techniquement utilisable dans la conscience pratique d'un monde vécu social »[74] ; en d'autres termes, « comment le pouvoir de disposer techniquement des choses peut-il être réintégré au sein du consensus des citoyens engagés dans différentes actions et négociations »[75].

Ces questions montrent que la technique n'est pas un destin à subir ni une fatalité sociale. Les questions techniques sont d'un niveau de généralité assez élevée pour qu'elles puissent être uniquement l'affaire de formation privée et de culture individuelle (*private bildung*). Pour le dire autrement, les questions techniques comportent une dimension politique et culturelle très importante pour être prise en compte dans la mesure où la résolution technique des problèmes est inséparable de l'image que les individus se font d'eux-mêmes dans leur monde vécu et dans leurs traditions qu'ils s'approprient de façon herméneutique en tant que telles. Les problèmes matériels que la science et la technique réussissent à résoudre se transforment aussitôt en autant de problèmes humains qui attendent d'être tranchés non plus par la technologie, mais par l'exercice de la volonté et de la liberté des sujets. Le contrôle scientifique des processus naturels et sociaux, en un mot les technologies, ne dispense pas les hommes d'agir. Ceux-ci continueront comme par le passé à arbitrer les conflits, à faire triompher certains intérêts, à trouver des interprétations. Tout cela n'est possible que grâce à des actions et à des négociations qui sont les unes et les autres liées au langage courant[76].

---

[73] *Ibid.*, p. 81.
[74] *Ibid.*, p. 79.
[75] *Ibid.*, p. 88-89.
[76] *Ibid.*, p. 87.

Bref, la technique comporte une double dimension, à la fois politique et culturelle. Cela signifie que la mise en œuvre des moyens techniques dans des situations historiques données doit aussi tenir compte des conditions objectives (potentiels, institutions et intérêts) qui font à chaque fois l'objet d'une interprétation spécifique dans le cadre de la conception que le groupe se fait de lui-même en fonction de la tradition[77].

> *Pour devoir réconcilier technique et démocratie, il convient de pourvoir une discussion effective assurant la médiation entre notre savoir et notre pouvoir technique d'une part, notre savoir et notre vouloir pratique d'autre part. La discussion dont il s'agit devra ne pas rester " sans conséquences d'ordre politique", elle devra nous permettre, en tant que sujets politiques de déterminer dans quelle direction et jusqu'à quel point nous désirons développer notre savoir technique dans l'avenir ainsi que les applications qui en découlent*[78].

En effet, la discussion sur la technique que promeut le modèle pragmatique comporte un double avantage. D'un côté, elle vise à éclairer les acteurs de la vie politique, dans le cadre de ce qui est techniquement possible et « faisable », sur la conception des intérêts que les citoyens auxquels ils ont affaire se font d'eux-mêmes, telle qu'elle se trouve déterminée par la tradition. D'un autre, à la lumière des besoins ainsi articulés et ré-interprétés, ils pourraient juger par rapport à la pratique dans quelle direction et dans quelle mesure tous les intéressés du système désirent développer leur savoir technique dans l'avenir[79].

---

[77] *Ibid.*, p. 81.
[78] *Ibid.*, p. 95.
[79] *Ibid.*, p. 95.

Par ailleurs, force est de reconnaître que ce modèle pragmatique de la discussion bute à des obstacles empiriques insurmontables : la disparité de compétences, la différence de fonctions et d'intérêts entre les différents membres et corporations de la société, c'est-à-dire les experts scientifiques et les ingénieurs, les décideurs politiques et les acteurs économico-financiers, le grand public de citoyens et les marginalisés du système, etc. Pour être émancipatoire, ce modèle du dialogue devrait présupposer un autre mode de communication plus exigeante, dont les présuppositions générales peuvent être institutionnalisées sous la forme démocratique des discussions publiques auxquelles assistent les citoyens[80].

---

[80] *Ibid.*, p. 110.

CHAPITRE 3

Le principe universel de la discussion

Analyse des fondements contrefactuels de l'émancipation sociale

Avec la théorie de l'agir communicationnel, Habermas abandonne provisoirement l'épineuse question de la technique et la science comme « idéologie ». Il croit pouvoir la résoudre fondamentalement par la seule voie universelle de la discussion rationnellement motivée, dont les présuppositions générales sont d'égale contrainte pour tous les intéressés de l'action, qu'elle soit pratique ou technique. D'où l'exclusivité de l'éthique de la discussion.

Dans cette réflexion où le concept de l'émancipation renvoie à l'idée de la rationalisation de l'agir et des formes de vie sociales, notre objectif principal est de tirer au clair les fondements universalistes de la rationalité et de la morale. Et c'est seulement après avoir établi la différence entre l'agir instrumental et l'agir communicationnel (1) que nous parlerons des présuppositions générales de l'argumentation comme fondements universels de l'émancipation et de la pacification sociale (2). Il nous restera la question de comprendre pourquoi selon Habermas l'éthique de la discussion doit-elle être non seulement formaliste, mais aussi et surtout abstentionniste (3).

3.1. L'agir instrumental et l'activité communicationnelle

3.1.1. L'agir instrumental

Habermas reprend pour la discussion le concept de l'agir instrumental, ou l'action finalisée (*Zwecktätigkeit*), tel que Max Weber l'avait théorisé dans sa conception de la modernisation comme processus dialectique de la sécularisation de la société occidentale.

Dans un premier temps, Weber avait distingué trois types d'activités rationnelles : l'activité finalisée, l'activité pratique et l'activité affectuelle :

(a) *L'activité finalisée* (ou l'activité rationnelle par rapport à une fin) : « Agit rationnellement par rapport à une fin celui qui oriente son action d'après les buts, les moyens et les conséquences annexes, et qui en même temps soupèse rationnellement tant les moyens par rapport aux fins que les fins par rapport aux effets connexes, et finalement, les différentes fins possibles les unes par rapport aux autres »[1]. C'est le genre d'activité rationnelle qui s'accomplit au travers des attentes relatives au comportement d'objets du monde extérieur et au comportement d'autres hommes. Elle comporte des moyens et des fins, et elle vise l'efficacité et le succès de l'action. En posant ces types d'actions, l'acteur est orienté vers un objectif à atteindre à travers des fins suffisamment précisées. Il choisit alors les moyens qui, dans la situation donnée, lui semblent appropriés. Il calcule au titre des conditions annexes du succès, d'autres conséquences prévisibles de son action. Le succès peut advenir par le fait d'une action souhaitée, ordonnée et finalisée, tout comme il peut être causé par une abstention. Dans cette

[1] M. WEBER, cité par J. HABERMAS, *TAC1,* p. 182.

même catégorie de l'activité finalisée, Weber distingue les actions instrumentales qui s'appliquent sur le monde des choses des actions stratégiques appliquées sur le monde des humains[2].

(b) *L'activité pratique* (ou l'activité rationnelle par rapport à une valeur) est posée lorsque l'individu agit sur base de sa croyance consciente dans la valeur intrinsèque inconditionnée d'ordre éthique, esthétique, religieux ou d'un comportement déterminé, considéré purement en lui-même et indépendamment du succès. L'activité pratique vise à établir une relation avec l'autre.

(c) *L'activité affectuelle,* en particulier *émotionnelle*, s'opère par des affects et des sentiments affectuels. La relation y est tournée vers le sujet agissant lui-même[3].

Ensuite, Weber réduira de trois à deux les concepts de la rationalité. Il fusionnera d'un côté l'activité rationnelle par rapport à des moyens avec l'activité rationnelle par rapport à des choix. Il appellera cette première catégorie l'activité rationnelle par rapport à une fin. D'un autre côté, Weber considérera comme activités rationnelles par rapport à une valeur toutes celles qui répondent aux conditions de la rationalité normative. Qu'il s'agisse donc des moyens, que l'on se fixe des buts, ou que l'on s'oriente d'après les valeurs, toutes ces activités seront catégorisées sous le même concept de la rationalité pratique. Aux activités rationnelles par rapport à une fin (instrumentale, téléologique), il reconnait l'efficacité comme critère de validité, tandis qu'aux activités rationnelles par rapport à une valeur, il pose le critère de justesse normative : « Les actions qui satisfont aux conditions de la rationalité des moyens et de la rationalité des choix, Weber les nomme "rationnelles par rapport à

---

[2] *Ibid.,* p. 295.
[3] *Ibid.*, p. 291.

une fin"; les actions qui satisfont aux conditions de la rationalité normative, Weber les nomme "rationnelles par rapport à une valeur" »[4]

Enfin, Weber réduit tous les concepts de la rationalité à la *rationalité pratique*, un concept à la fois clé et complexe. Premièrement, la rationalité pratique signifie l'ensemble des critères d'après lesquels les sujets de l'action apprennent à contrôler leur environnement, autrement dit, la rationalité téléologique. Deuxièmement, ce concept réfère au fait que les individus orientent leurs actions d'après les valeurs, c'est-à-dire lorsque des personnes et des groupes généralisent des actions rationnelles par rapport à une fin dans le temps et dans les domaines sociaux, de telle sorte que l'on parle d'une conduite de vie méthodique-rationnelle dont l'idéal et la première approximation historique sont représentés dans l'ascèse protestante et l'éthique de la vocation, cultivée par le calvinisme et les premières sectes puritaines[5].

D'après Habermas, le fait que Weber ait assimilé dans sa théorie de la modernité le concept de la rationalité avec la rationalisation a été source d'erreur, d'autant plus que le processus de la modernisation de la société occidentale, comme dialectique de la sécularisation, ne s'était pas opérée uniquement sous le modèle de la rationalité instrumentale, même si l'application rigoureuse des principes de la raison scientifique dans tous les domaines de l'action y avait considérablement contribué : savoir empirique, faculté de prévoir, maîtrise instrumentale et organisationnelle des institutions sociales, bref, toute l'histoire de la *science* moderne et de ses relations pratiques avec l'économie ainsi que l'histoire de la *conduite méthodique de vie*[6]. En opérant

---

[4] *Ibid.*, p. 187.
[5] *Ibid.*
[6] *Ibid.*, p. 173-174.

ces distinctions nécessaires, Weber réduit de manière positiviste le concept complexe de raison pratique, dont il a calqué le modèle idéal sur l'exemple de la conduite méthodique de vie des sectes protestantes. Il s'est donc contenté des seuls critères d'efficacité et d'utilité reconnus par les sciences empiriques pour définir la rationalité de l'agir[7].

3.1.2. L'activité communicationnelle

Habermas entend par activité communicationnelle toutes les interactions sociales qui sont médiatisées par le langage, où les participants poursuivent par leurs actions langagières des objectifs illocutoires, et *seulement de tels objectifs.* Cette théorie s'enracine dans la philosophie analytique du langage, développée particulièrement dans le monde anglo-saxon où John Austin, par exemple, s'était rendu très célèbre, dans *Quand dire c'est faire,* par sa fameuse distinction entre les actes de parole locutoires et les actes illocutoires. Des actes de parole sont dits *locutoires* lorsqu'ils sont des énonciations constatives qui peuvent être vraies ou non vraies. Ils sont *illocutoires* lorsqu'ils concernent des énonciations performatives qui doivent effectuer quelque chose, et non pas simplement dire quelque chose. Ces énonciations peuvent être opportunes ou inopportunes. Néanmoins, pour Habermas, il n'y a pas à proprement parler de différence entre les actes locutoires et les actes illocutoires dans la mesure où tous les actes de parole, y compris les actes constatifs, comportent un élément locutoire (sous la forme d'une phrase à contenu propositionnel) et un élément illocutoire (sous la forme de la phrase performative)[8].

---

[7] *Ibid.,* p. 189.

[8] Cf. AUSTIN, cité par J. HABERMAS, « La signification de la pragmatique universelle », in *LSSAE,* p. 90.

Pour Habermas, c'est plutôt au niveau de la prétention à la validité critiquable des actes de parole qu'il est possible d'établir très clairement la différence sémantique entre les actions langagières constatives, les actions réglées par les normes et les actions dramaturgiques : a) *les actions langagières constatives* sont celles qui, non seulement incarnent du savoir, mais encore le présentent explicitement et rendent possibles des conversations ; elles peuvent être critiquées sous l'aspect de la vérité ; b) *les actions réglées par des normes* sont celles qui incorporent un savoir moral-pratique. Elles peuvent être contestées sous l'aspect de la justesse normative ; c) *les actions dramaturgiques* sont celles qui incarnent un savoir à chaque fois relatif à la subjectivité même de celui qui agit. Elles peuvent être critiquées comme véridiques ou non véridiques, c'est-à-dire être récusées au titre d'illusions ou d'auto-illusions. Le savoir expressif peut être explicité sous forme de valeurs qui sous-tendent l'interprétation de besoins, de souhaits et des attitudes émotionnelles[9].

Ces trois types d'actes de parole montrent que le langage est, au niveau socioculturel de l'évolution, le médium spécifique de l'intercompréhension. Hormis les activités non verbales et les expressions corporelles, tous les autres actes de paroles explicites, dans la mesure où ils visent l'intercompréhension, forment une seule classe, à savoir les activités communicationnelles[10]. Contrairement à l'agir stratégique où la réussite de l'action repose sur la rationalité finalisée des plans d'action chaque fois individuels, dans l'agir communicationnel, les interlocuteurs s'appuient sur la force rationnellement motivante d'efforts entrepris en vue de l'entente, donc sur une

[9] *Ibid.,* p. 341-342 et p. 363.
[10] *Ibid.,* p. 330.

rationalité qui se manifeste dans les conditions appropriées à un accord obtenu à travers la communication[11].

On se gardera néanmoins d'assimiler le concept de l'agir communicationnel avec l'agir stratégique médiatisé par le langage où l'un des participants au moins veut susciter par ses actions langagières des effets perlocutoires chez un vis-à-vis[12].

Pour se faire comprendre lors des interactions langagières, les interlocuteurs font appel à des raisons qu'ils peuvent seulement motiver par la force de l'argumentation. « L'activité communicationnelle fait entrer un spectre plus large des raisons – des raisons épistémiques pour étayer la vérité des énoncés, des points de vue éthiques pour attester l'authenticité d'une décision vitale, des indicateurs pour garantir la sincérité d'un aveu, des expériences esthétiques, des explications narratives, des valeurs culturelles, des droits légitimes, des conventions, etc. »[13].

L'argumentation est un type de discours où les parties prenantes thématisent des prétentions à la validité qui font l'objet de litiges, et tentent de les admettre ou de les critiquer au moyen d'arguments. C'est « une forme de communication plus exigeante, et dépassant les formes concrètes de la vie, une forme de communication dans laquelle les présuppositions de l'agir orienté vers l'intercompréhension sont généralisées, abstraites et décloisonnées, c'est-à-dire qu'elles sont étendues à une communauté de communication idéale comprenant tous les sujets capables de parler et d'agir »[14].

Le but principal de l'argumentation est l'intercompréhension (*Verständigung*, en allemand). Elle veut dire

---

[11] *PPEP*, p. 72.
[12] *TAC1*, p. 304.
[13] *IC*, p. 36.
[14] *ED*, p. 22.

qu'au moins deux sujets ont la compréhension d'une expression verbale, et qu'il existe entre eux, par rapport à l'arrière-plan normatif qu'ils reconnaissent en commun, un accord sur la justesse d'une énonciation. Un *argument* contient des raisons qui sont systématiquement reliées à la *prétention à la validité d'expressions problématiques.* Habermas le dit de belle manière :

> *La "force" d'un argument se mesure, dans un contexte donné, au bien-fondé des raisons, dont la capacité d'une expression à convaincre les participants d'une discussion, i.e. à motiver l'admission d'une prétention à la validité. Sur cet arrière-fond, nous pouvons aussi juger de la rationalité d'un sujet capable de parler et d'agir d'après la façon dont il se comporte dans un cas donné en tant que partie prenante de l'argumentation*[15].

Et même dans les autres cas où il n'est pas forcément requis d'argumenter, l'agir communicationnel présuppose des raisons, par exemple les impératifs ou les souhaits où l'on doit également supposer le caractère inemployé du potentiel de raisons motivées par l'intelligence[16].

Bref, aux yeux de Habermas, la discussion est une forme de communication plus exigeante, dépassant les formes concrètes de la vie. Elle est une forme de communication dans laquelle les présuppositions de l'agir orienté vers l'intercompréhension sont généralisées, abstraites et décloisonnées, c'est-à-dire qu'elles sont étendues à une communauté de communication idéale comprenant tous les sujets capables de parler et d'agir[17].

Par ailleurs, la validité de l'argumentation se mesure à l'aune de la contradiction performative. Selon Karl-Otto Apel, la contradiction performative est une erreur logique

---

[15] *TAC1,* p. 34.
[16] *LSSAE*, p. 314.
[17] *ED,* p. 22.

qui consiste à reposer un acte de parole constatif « Cp » sur des présuppositions non contingentes dont le contenu propositionnel contredit l'affirmation « p ». Par exemple, si quelqu'un dit : « Je n'existe pas », il commet par le fait même une contradiction performative parce qu'il exige que son interlocuteur croie à la vérité de sa proposition qu'il contredit en même temps dans les faits. « Dans l'énoncé : a) je n'existe pas (ici et maintenant), le locuteur émet une exigence de vérité. En même temps, il engendre, *du fait même qu'il exprime cette exigence*, une présupposition existentielle dont le contenu propositionnel peut être exprimé au moyen de l'énoncé suivant : b) j'existe (ici et maintenant), étant entendu que, dans les deux propositions, le pronom personnel se rapporte à la même personne »[18].

3.2. Les présuppositions générales de l'argumentation

Comme nous le suggère le sous-titre de ce chapitre, les présuppositions générales de l'argumentation constituent les fondements contrefactuels de l'agir universellement valide. Sont supposées contrefactuelles les conditions idéales du discours et de l'action, qui devraient être nécessairement remplies, en tout ou en partie, même si ce n'est pas toujours le cas, pour qu'un acte de langage soit une réussite. Du point de vue de la pragmatique universelle, ces conditions sont des engagements pris par les interlocuteurs pour se faire comprendre et se faire confiance les uns vis-à-vis des autres :

> *« La condition essentielle pour la réussite d'un acte illocutoire, affirme-t-il, réside dans le fait que le locuteur prenne chaque fois un certain engagement permettant à*

[18] *MC*, p. 101

l'auditeur de lui faire confiance. La force illocutoire d'un acte de parole acceptable réside dans le fait qu'elle peut amener un auditeur à faire confiance aux engagements que le locuteur a pris selon le type de son acte de parole »[19].

Il faut préalablement savoir que Habermas est partisan du tournant pragmatique du langage dont la conséquence en est que la philosophie contemporaine doit porter son intérêt sur les conditions formelles de la rationalité du connaître, de l'intercompréhension langagière et de l'agir. De telles « conditions peuvent être recherchées soit dans la vie quotidienne, soit au niveau de l'agencement méthodique d'expériences ou encore de l'organisation systématique de discussions. De ce point de vue, la théorie de l'argumentation acquiert une importance particulière, car elle a pour tâche de reconstruire les présuppositions et les conditions pragmatiques formelles d'un comportement explicitement rationnel »[20].

Habermas reconnaît à son collègue Karl-Otto Apel le mérite d'avoir mis au jour de telles présuppositions de la rationalité de l'action, dans ce qu'il avait appelé « la pragmatique transcendantale », comprise comme une herméneutique transcendantale, une critique de sens (*Sinnkritik*) qui vise à présenter les présuppositions universelles de l'intercompréhension, autrement dit de toute pratique dotée de sens. Ces présuppositions sont transcendantales ou ultimes dans la mesure où elles forment tout un ensemble de certitudes d'arrière-plan qui transcendent par nature les ressources relativisables des formes de vie historiques contingentes[21]. Par contre, Habermas préférera l'expression de « la pragmatique

[19] *LSSAE,* p. 404.
[20] *TAC1,* p. 17-18.
[21] Cf. K-O APEL, *Penser avec Habermas contre Habermas. La moralité du monde vécu peut-elle assurer à la « Théorie critique » un fondement normatif ?*, Paris, Ed. de l'Eclat, 1990, p. 9-10.

universelle » afin de désigner la même entreprise théorique qui consiste à mettre au jour les conditions de possibilité normatives de l'intercompréhension. Il assume de façon radicale le doute et le discrédit jetés sur le type d'analyse dite « transcendantale » en philosophie théorique, autrement dit cette manière de procéder en philosophie qui affirme que les concepts *a priori* d'objets en général sont les conditions valides des expériences possibles[22].

En définitive, Habermas récuse le projet philosophique qui consisterait à rechercher des fondements ultimes de la connaissance et de l'action, au-delà de ce qui est cognitivement pensable et donc susceptible d'être motivé par des bons arguments. Et précisément parce qu'illusion métaphysique considère que « les conditions *a priori* d'une expérience possible en général sont en même temps les conditions de possibilité des objets de l'expérience »[23]. Quand bien même il y aurait un ou de tels *a priori* de l'expérience, ils ne pourraient s'appliquer qu'à certains secteurs de l'action, ayant certainement un ancrage anthropologique profond et qui rendent chaque fois possible une certaine stratégie d'objectivation de la réalité[24].

3.2.1. La rationalité de l'agir communicationnel

L'idée de la rationalité est la clé de compréhension de toute la pensée de Habermas, idée qu'il développe chaque fois à propos de questions précises, de pratiques et d'institutions historiques. Sa pensée est une théorie de la

---

[22] *LSSAE,* p. 333.
[23] *Ibid.,* p. 354.
[24] *Ibid.,* p. 356.

raison, des rationalités et des formes de rationalisation[25], note Rochlitz. Habermas le confirme dans cette déclaration : « Je me suis efforcé dans mon entreprise théorique d'analyser le concept de rationalité en adoptant comme principe directeur la capacité des énonciations à être critiquées et justifiées, et j'ai ainsi accordé un rôle clé à la rationalité procédurale, telle qu'elle s'incarne dans la pratique de l'argumentation »[26].

Précisons-le. Selon Habermas, le concept de la rationalité procédurale comporte un sens discursif, c'est-à-dire une voie spécifique de traitement des incohérences, contradictions et dissensions[27]. Une telle option est fondée sur l'idée que la décentration de la compréhension du monde et la rationalisation du monde vécu sont des conditions nécessaires d'une société émancipée[28]. Voilà pourquoi le principe de la discussion sera constitué comme un critère formel qui opère à un "métaniveau" vis-à-vis de tous les critères "substantifs" de rationalité qui sont, des critères "parasites", greffés sur un critère minimal de rationalité"[29].

En fait, la rationalité des actes de parole se mesure à l'aune des prétentions à la validité critiquables comme la vérité propositionnelle et la justesse normative. Car il s'agit pour les interlocuteurs de savoir si l'énoncé en question est une expérience ou un fait, si l'intention de l'énoncé coïncide avec celle que visait le locuteur, et si cet acte du discours correspond à un arrière-plan normatif reconnu[30]. *La vérité propositionnelle* concerne les actions

---

[25] R. ROCHLITZ, *Habermas. L'usage public de la raison,* Paris, PUF, 2001, p. 26.

[26] *VJ,* p. 45.

[27] *TAC1,* p. 88.

[28] *Ibid.,* p. 90.

[29] *Ibid.,* p. 88.

[30] LSSAE, p. 363.

langagières constatives qui servent à présenter ou à présupposer des états de chose et des événements. En visant la vérité – objet du débat entre les pragmatistes[31] –, le locuteur prend référence à quelque chose dans le monde des contenus matériels existants. *La justesse normative,* relative à un arrière-plan normatif, vise à instaurer et à renouveler les relations interpersonnelles, par quoi le locuteur prend référence à quelque chose dans le monde des ordres légitimes. Dans ce cas, la sincérité de l'intention vise les actions réglées par des normes, lesquelles actions servent à manifester des expériences vécues, c'est-à-dire à s'autoprésenter, par quoi le locuteur se réfère à quelque chose dans le monde subjectif auquel il a un accès privilégié[32].

On peut déduire de chacune de ces deux prétentions générales de l'argument deux autres : l'intelligibilité et la véracité pour la vérité propositionnelle ; la sincérité et la justice pour la justesse normative, comme formant des

---

[31] Dans cette théorie morale, le concept de la vérité morale doit être utilisé avec beaucoup de circonspection. Il ne faut pas l'assimiler avec la vérité scientifique, c'est-à-dire ni à la cohérence ni à l'assertabilité justifiée. Dans le débat qui oppose les pragmatistes sur ce concept, Habermas note qu'il y a deux solutions de rechange qui se font concurrence : le point de vue déflationniste conteste que la « vérité » soit d'une façon générale susceptible d'être explicitée, tandis que le point de vue épistémique soumet le concept d'assertion justifiée à une réévaluation inflationniste en faisant de la vérité la valeur limite du processus de justification. Adoptant cette deuxième position, c'est-à-dire le cognitivisme, Habermas défend l'idée que la vérité morale est susceptible d'être connue ; elle est ce qui intuitivement fait confiance et tenu pour absolument vrai au-delà du contexte de justification chaque fois donné. Et c'est justement à cause de cet au-delà des contextes particuliers que la vérité pragmatique est efficace dans la pratique et transcende toute justification, provoquant pour ainsi dire un décentrement de la communauté de justification (*VJ,* 197).

[32] *PPEP,* p. 72.

attributs des personnes intelligibles, véridiques, sincères et justes[33] :

a) L'*intelligibilité* d'une phrase grammaticalement correcte ou *le fait de s'exprimer de façon intelligible,* signifie que le locuteur doit choisir une expression *intelligible*, afin que le locuteur et l'auditeur puissent *se comprendre l'un et l'autre.*
b) La *vérité* d'une proposition vraie, ou *le fait de donner quelque chose à entendre,* signifie que le locuteur doit avoir l'intention de communiquer un contenu propositionnel vrai, afin que l'auditeur puisse *partager le savoir* du locuteur.
c) La *sincérité* d'une expression intentionnelle ou *le fait de se faire comprendre* signifie que le locuteur doit vouloir exprimer ses intentions *sincèrement,* afin que l'auditeur puisse croire l'énonciation du locuteur (lui faire confiance).
d) La *justesse* de l'adéquation d'une énonciation par rapport au contexte et normativement juste, ou *le fait de s'entendre l'un et l'autre* signifie que le locuteur doit choisir une énonciation juste au regard des normes et valeurs en vigueur, afin que l'auditeur puisse accepter l'énonciation, de sorte que l'un et l'autre, l'auditeur et le locuteur, puissent *être en accord* quant à l'énonciation relative à un arrière-plan normatif.

Mais pour que l'activité communicationnelle puisse se poursuivre sans accroc, il faut que tous les participants admettent que les prétentions à la validité qu'ils ont réciproquement émises l'ont été à bon droit[34]. Ainsi donc, lorsqu'ils communiquent idéalement, c'est-à-dire sans

---

[33] *LSSAE,* p. 333.
[34] *Ibid.,* p. 330-331.

contrainte, les interlocuteurs s'engagent pour l'un (le locuteur) à ne choisir une expression langagière compréhensible que pour s'entendre *avec* l'autre (l'interlocuteur) *sur* quelque chose, et par là, se rendre *lui-même* compréhensible : « [...] a) une action langagière juste à effectuer au regard d'un contexte normatif donné, afin qu'ait lieu entre l'auditeur et lui une relation interpersonnelle reconnue comme légitime ; b) un énoncé vrai à produire (ou encore des présuppositions d'existence exactes), afin que l'auditeur reprenne et partage le savoir du locuteur, des opinions, des intentions, des sentiments, des souhaits, etc. à exprimer de façon véridique, afin que l'auditeur accorde foi à ce qui est dit »[35].

Sur le plan épistémologique, la théorie des actes de parole est fondée sur l'hypothèse que les actes de parole peuvent être fondés et critiqués : « Cela vaut même pour certains types d'expressions qui ne sont pas assorties d'une prétention à la validité clairement circonscrite, c'est notamment le cas des *expressions évaluatives* qui ne sont ni simplement expressives au sens où elles exprimeraient un sentiment ou un besoin purement privé, ni normatives au sens où elles comporteraient la prétention d'un devoir obligatoire, i.e. une exigence de conformité à une attente de comportement généralisée. Et pourtant de bonnes raisons peuvent exister pour de telles expressions évaluatives »[36].

3.2.2. L'éthicité de l'agir communicationnel

Du point de vue de la théorie de l'agir communicationnel, le concept de la morale, ou l'éthique universelle, n'a qu'un sens formaliste ou procéduraliste, c'est-à-dire une manière d'agir qui soit universellement

---

[35] *TAC1,* p. 316.
[36] *Ibid.,* p. 32-33.

valide, et donc rationnellement fondé ou justifié, abstraction faite de la visée individuelle de la vie bonne. C'est une approche plus ou moins scientifique de la morale, en accord avec la théorie psychogénétique de L. Kohlberg qui distingue trois niveaux du développement de la conscience morale : le niveau préconventionnel, le niveau conventionnel et le niveau postconventionnel.

a) Au niveau *préconventionnel*, l'individu adulte pose l'action d'un point de vue égocentrique, selon la perspective individualiste concrète. C'est le niveau pragmatique où le sujet prend des décisions prudentes sur base d'attitudes, de préférences et des options personnelles qui sont son point de départ contingent. Il examine personnellement sa propre situation et agit d'après ses options de vie[371].

b) Au niveau *conventionnel,* le même individu entre en relation avec d'autres individus et commence à distinguer entre le point de vue sociétal et la conviction des mobiles interpersonnels. C'est le niveau éthique où le sujet entreprend de mener une vie authentique, conforme à sa manière à lui de se comprendre et de se réaliser soi-même au sein de l'horizon d'une histoire de vie. Ses jugements sont fondés sur des évaluations fortes, sur ses préférences fortes, c'est-à-dire sur la manière dont il se comprend, sur le type de conduite de vie qui marque son caractère, sa personnalité, bref sa propre identité et la manière dont il veut construire sa vie présente et future[38].

c) Au niveau *postconventionnel,* le sujet adulte agit selon les règles justes qui enjoignent le respect de l'autre. C'est le niveau proprement moral, celui du point de vue prééminent-à-la-société, où le sujet est enjoint à agir dans le respect d'autrui, comme une fin et non simplement

[37] *ED,* p. 96.
[38] *Ibid.* p. 98.

comme un moyen[39]. L'agent moral se sert uniquement de sa volonté libre et agit par devoir, selon des lois qu'elle s'est données elle-même. Cette volonté seule est autonome dans la mesure où elle se laisse déterminer complètement par l'intellection morale[40]. Il ne doit donc faire appel qu'à la raison pour trancher les situations conflictuelles où sa conception de la vie bonne heurte les intérêts d'autrui. En d'autres termes, c'est l'impératif catégorique qui informe la décision de telle sorte que le conflit soit réglé de façon impartiale[41]. C'est le sommet de la vie morale, marquée par des jugements impartiaux concernant ce qui est juste, c'est-à-dire également bon pour tous, cognitivement décidable en fonction de ce qui est conforme à l'intérêt de chacun[42].

On comprend déjà, à partir d'ici, l'option formaliste de l'éthique de la discussion, basée sur la perception du philosophe ou du théoricien de la morale, abstraction faite de la manière dont les sujets moraux agissent en âme et conscience, par eux-mêmes.

Quoi qu'il en soit, Habermas définit la morale dans la perspective des approches déontologiques modernes qui considèrent qu'elle est conçue en fonction des rapports interactifs entre les sujets capables d'agir, et non en fonction de biens, donc de quelque chose dans le monde qui peut acquérir valeur et signification pour les sujets singuliers capables d'agir. La morale est dès l'abord considérée comme un phénomène social, et elle est coupée des attentes du bonheur individuel, des problèmes

---

[39] L. KOHLBERG, cité par J. HABERMAS, *MC,* p. 114.

[40] *ED,* p. 102.

[41] *Ibid.,* p. 99.

[42] M. HUNYADI, « L'idée d'une contrefactualité contextuelle, ou : comment ne pas devoir transcender tous les contextes possibles, comme le veut Habermas ? », in *Revue philosophique de Louvain,* t.107 (2009), p. 324.

existentiels et des besoins de signification. Ensuite, la morale se rapporte à des interactions réglées par des normes. Par là, elle est limitée à ce qui peut être normativement valide ou non valide, et donc aux droits et devoirs. Par conséquent, elle est coupée du domaine axiologique de ce qui est préférable et optimisable. Enfin, la morale est considérée comme alternative pacifique au règlement des conflits d'action par la violence, alternative pour laquelle il n'y a pas d'équivalent. D'où l'inopportunité d'une fondation ultime de la morale, en recourant à des images du monde religieuses ou métaphysiques collectivement contraignantes. Par ailleurs, c'est seulement par la force de l'argumentation qu'une fondation capable de consensus des droits et devoirs est possible, autrement dit par la force de conviction des bonnes raisons[43].

En effet, l'argumentation rationnelle mobilise contre-factuellement un certain nombre de conditions idéales qui doivent être remplies, totalement ou en partie, pour que les interlocuteurs se comprennent ou s'entendent, afin qu'un consensus soit trouvé. Il s'agit entre autres de la publicité et l'inclusion de tous, l'égalité des droits dans la communication, la sincérité et l'exclusion de toute mystification ou illusion, et l'absence de contrainte :

(1) *La publicité et l'inclusion de tous* signifie que quiconque peut apporter une contribution pertinente à la controverse dont une prétention à la validité est l'objet ne peut être exclu.

(2) *L'égalité des droits dans la communication* veut dire que tous reçoivent les mêmes chances de s'exprimer sur la question débattue.

[43] *ED*, p. 159-160.

(3) *La sincérité et l'exclusion de toute mystification ou illusion* implique que tous les participants doivent penser ce qu'ils disent.

(4) *L'absence de contrainte* présuppose que la communication doit être affranchie de toute restriction susceptible d'empêcher la manifestation du meilleur argument et de déterminer l'issue de la discussion. Autant dire qu'aucune personne concernée par la discussion ne peut se voir obligée par une force extérieure à dire le contraire de ce qu'il pense. Il n'est pas permis non plus qu'au cours du débat l'on utilise des subterfuges ni des simulations mensongères pour détourner de la vérité en vue d'arracher un accord[44].

D'un point de vue épistémologique, ces présuppositions morales universelles sont des idéalisations de la raison communicationnelle qui, en tant que telles, sont à la fois immanentes et transcendantes, factuelles et contre-factuelles par rapport aux pratiques constitutives des formes de vie[45]. Elles sont effectivement factuelles dans l'organisation de la communication, et en même temps contrefactuelles dans la mesure où elles vont au-delà des limites posées par la situation effective. Elles permettent aux interlocuteurs de postuler un monde objectif et réel commun auquel ils se rapportent tous d'une manière indépendante, de se supposer réciproquement rationnels et imputables de leurs actions, de reconnaître l'inconditionnalité des prétentions à la validité qui excèdent le contexte, et de décentrer leurs perspectives d'interprétation[46].

Qui plus est, les présuppositions pragmatiques de l'intercompréhension forment le noyau fondamental de l'universalisme égalitaire selon lequel les intérêts et les

---

[44] *IC*, p. 56-57.
[45] *Ibid.*, p. 19.
[46] *Ibid.*, p. 14-15 et 20-21.

orientations axiologiques de chacune des personnes concernées doivent être pris en ligne de compte dans la même mesure pour tous[47]. Voilà pourquoi Habermas reformule l'impératif catégorique, dans une perspective détranscendantalisée :

> *Au lieu d'imposer à tous les autres une maxime dont je veux qu'elle soit une loi universelle, je dois soumettre ma maxime à tous les autres afin d'examiner par la discussion sa prétention à l'universalité. Ainsi s'opère un glissement : le centre de gravité ne réside plus dans ce que chacun peut souhaiter faire valoir (sans être contredit), comme étant la loi universelle, mais dans ce que tous peuvent unanimement reconnaître comme une loi universelle*[48].

Ainsi donc, pour Habermas, plaider pour la validité universelle du principe de la discussion est une nécessité absolue, si nous voulons construire une société unie, émancipée et pacifiée. Car, malgré la grisaille des situations qui se situent souvent à mi-chemin entre l'incompréhension et la méprise, entre le manque de sincérité volontaire et involontaire, entre le désaccord manqué et ouvert, ou encore entre l'accord préalable et l'entente réalisée[49], il y a de bonnes raisons de préférer l'accord réalisé sans contrainte par la discussion, autrement dit par la force de l'argumentation, aux alternatives que seraient la force, la menace, la corruption ou la tromperie. Donc, la poursuite de l'activité communicationnelle par des moyens de la discussion fait partie de la forme de vie communicationnelle dans laquelle nous nous trouvons sans solution de rechange[50].

---

[47] *MC,* p. 197.
[48] *ED,* p. 88-89.
[49] *LSSAE,* p. 332.
[50] *VJ,* p. 241-242.

Pour étayer cet argument, Habermas évoque deux raisons principales : d'un côté, la participation effective de chaque personne concernée est la seule à pouvoir prévenir les déformations de perspective qu'introduit l'interprétation d'intérêts chaque fois personnels. Chacun est lui-même la dernière instance que l'on puisse invoquer pour évaluer ce qui relève de l'intérêt personnel. D'un autre côté, il faut aussi que la description, à partir de laquelle chacun perçoit ses intérêts, demeure accessible à la critique des autres. Car, c'est à la lumière des valeurs culturelles que les besoins sont interprétés, lesquelles valeurs font partie d'une tradition dont on participe intersubjectivement. L'interprétation ou la révision des valeurs qui président à l'interprétation des besoins ne saurait donc être une affaire dont les individus disposeraient monologiquement[51].

Voilà pourquoi, quels que soient les malentendus et la déception que le formalisme de la morale discursive ne manquera pas de provoquer, Habermas trouvera tout à fait fondé de s'abstenir de toute prise de position substantielle au sujet des questions relatives à la vie bonne :

> *« En regard de quatre grandes charges politico-morales de notre propre existence, – en regard de la faim et de la misère dans le tiers-monde ; en regard de la torture et des perpétuelles offenses à la dignité humaine perpétrées dans des États d'injustice ; en regard du chômage croissant et des disparités dans la répartition des richesses sociales dans les nations industrielles occidentales ; [...]– en regard de tels états de fait provocants, ma conception restrictive des capacités de l'éthique philosophique représente peut-être une déception ; en tous les cas, elle est aussi un aiguillon »*[52].

---

[51] *MC*, p. 89.
[52] *ED.*, p. 31-32.

Pour une double raison, Habermas justifie son abstentionnisme éthique. D'abord, sur le plan pratique, « la philosophie ne dispense personne de sa responsabilité pratique. Pas non plus les philosophes, d'ailleurs, qui comme tous les autres font face à des problèmes pratico-moraux d'une grande complication et feraient déjà bien d'acquérir en premier lieu une image claire de leur propre situation. A cela, les sciences historiques et sociales peuvent davantage contribuer que la philosophie »[53]. En mettant à l'honneur le principe de la discussion comme procédure de la formation de la volonté, la philosophie morale postmétaphysique fait place aux concernés qui, de leur propre chef, doivent trouver des réponses aux questions pratico-morales qui se posent à eux, dans leur propre contexte de vie socio-historique[54].

Ensuite, sur le plan théorique, « le philosophe de la morale ne dispose pas d'un accès privilégié aux vérités morales »[55]. Avec le changement de paradigme, c'est-à-dire le tournant pragmatique du langage, la philosophie n'est plus tenue à se maintenir, comme si de rien n'était, à son exigence classique qui était de produire des énoncés universellement obligatoires sur le sens de la vie. Sinon, elle devrait être également capable de mettre à l'honneur une forme de vie particulière, par exemple le projet classique d'une conduite de vie consciente[56].

Au contraire, la révolution linguistique rend compte de l'existence des liens intrinsèques entre la connaissance et l'ensemble des réseaux de connexions de la pratique et de la communication quotidienne dans lesquels sont enchâssées les opérations cognitives qui, dès l'origine, sont intersubjectives autant que coopératives. De tels

---

[53] *Ibid.*, p. 32.
[54] *Ibid.*, p. 31.
[55] *Ibid.*
[56] *Ibid.*, p. 159.

réseaux sont thématisés comme forme de vie ou comme monde vécu, comme pratique ou comme interaction médiatisée par le langage, comme jeu de langage ou comme conversation, comme arrière-plan culturel, comme tradition ou travail de l'histoire. Tous ces concepts d'action relèvent désormais non du monde métaphysique, mais du sens commun (common *sens*). Ainsi donc, qu'il s'agisse des activités instrumentales ou finalisées, les actions humaines assurent toutes, au plan de la stratégie conceptuelle, un tout autre rôle que celui qui revenait à l'autoréflexion dans la philosophie transcendantale. La théorie de l'action établit l'irrecevabilité du besoin de connaître les fondements ultimes ou transcendantaux[57]. Habermas insiste :

> *Nous n'avons pas besoin de nous cramponner à l'exigence d'une fondation ultime, même si nous prenons en compte son importance présumée pour le monde vécu. Les intuitions morales quotidiennes n'ont pas besoin des lumières des philosophes [...]. L'éthique philosophique a dans le meilleur des cas, la fonction d'apporter quelque lumière face aux confusions qu'elle a pu causer dans la conscience des gens cultivés...*[58].

Or, de l'avis de Karl-Otto Apel, une élévation ultime de la fondation morale ne constitue en rien une régression vers la métaphysique dogmatique, mais au contraire, elle est nécessaire non seulement pour devoir répondre à la question du sens de l'agir moral, « pourquoi, de manière générale, être moral ? », qu'elle soit posée dans un sens trivial, existentiel ou pédagogique[59], mais aussi pour donner à la théorie morale les moyens de démasquer certaines formes d'idéologies scientifico-technologiques,

---

[57] *MC.*, p. 31.
[58] Cf. K-O. APEL, *op.cit.*, p. 17.
[59] *ED.*, p. 164-165.

lourdes d'influence aujourd'hui, comme le réductionnisme scientiste des explications du type « rien que » et les suggestions historiques du genre ceci ou cela est désuet, tenant lieu d'argument[60].

En un mot, la fondation ultime de la morale permet à la philosophie de dépasser le cynisme ambiant, rendu possible par le subjectivisme émergent qui a favorisé d'une certaine manière l'érosion des valeurs, l'indétermination de l'ensemble, l'absence de direction, et une situation de communication décentrée qui associe l'évolution des médias audiovisuels à la postmodernité, c'est-à-dire, comme le dirait Jean-François Lyotard, à l'incommensurabilité, à l'hétérogénéité, au différend, à la persistance des noms propres, à l'absence de tribunal suprême[61].

Tout compte fait, selon Apel, la théorie morale de Habermas est ambigüe. D'un côté, il soutient l'universalité des prétentions à la validité inhérentes au discours. Il a donc pris en son compte les structures « quasi-transcendantales » ainsi qu'une version faible de la démarche pragmatico-transcendantale. De l'autre côté, il a toujours rejeté comme impossible et inutile l'exigence d'une fondation ultime, valable *a priori*, de la prétention philosophique à la validité des énoncés universels-pragmatiques relatifs aux présupposés nécessaires de la discussion argumentée[62]. Et si « l'inconditionnalité de la critique sans fondamentalisme » est le but que s'est assigné Habermas, il est permis de douter qu'il y soit parvenu[63]. Car, il serait un jour contraint à décider s'il veut persister dans l'incohérence ou restituer à la philosophie sa

---

[60] K-O. APEL, *op.cit.*, p. 20.

[61] J-P. COMETTI, *Le philosophe et la poule de Kircher. Quelques contemporains,* Paris, éd. Eclat, 1997, p. 65.

[62] K-O. APEL, *op.cit*, p. 10-11

[63] *Ibid.*, p, 14.

fonction fondatrice authentique liée à des prétentions à la validité universelle *a priori*[64].

3.3. L'éthique de la discussion : enjeu philosophico-politique

Hans Jonas dit une fois que le principe de la discussion selon Karl-Otto Apel et Jürgen Habermas ne peut pas véritablement fonder l'éthique, car les réalités quotidiennes montrent qu'il ne manque pas d'exemples qui prouvent qu'on a réussi à se mettre d'accord sur un certain nombre de points qui étaient tout, sauf justes[65].

D'autres critiques, un peu plus triviales, affirment que les procès réels de l'interaction sociale ne sont pas en réalité médiatisés par une volonté de vérité ni même par une référence à la vérité. Donc, toute interaction sociale n'est jamais purement communicationnelle. Au contraire, les relations humaines sont toujours, pour ne pas dire à cent pour cent, stratégiques. On le voit, dans le cas de négociation politique débouchant sur des désaccords. Loin de s'orienter vers la recherche coopérative de la vérité, les partenaires sont plutôt portés par des intérêts stratégiques à faire valoir, qu'ils dissimulent par des arguments purement rhétoriques et stratégiques. Le principe de la discussion n'est donc pas absolument pertinent pour expliquer la réalité sociale. En lieu et place de la vérité et de la justice, c'est plutôt la force de l'argumentation qui l'emporte, car la force proprement politique de la "délibération" n'est pas

---

64 Cf. J-P. COMETTI, *op.cit.,* p. 63.

65 Cf. H. JONAS, « De la gnose au Principe responsabilité », in *Esprit* 5(1991), p. 2.

faite vraiment de la même étoffe rationnelle qu'une discussion argumentée à l'horizon de la validité[66].

Prenant la défense de Habermas, Jean-Marc Ferry montre que ces critiques confondent simplement la « force » des arguments avec la menace, la pression d'intimidation et la violence qui dominent les discussions pratiques. L'activité communicationnelle idéale exclut la manipulation et la contrainte. Elle repose plutôt sur la contrainte sans contrainte de la vérité et du meilleur argument[67]. Toutefois, pour approfondir la question du formalisme de l'éthique de la discussion, il est possible d'y déceler un double défi théorique et pratique, à savoir le projet de l'auteur visant à faire de la procédure de la discussion un principe critique d'universalisation des normes et un principe démocratique de régulation sociale.

3.3.1. Le principe d'universalisation des normes

« L'implicite de cette architecture théorique, écrit Mark Hunyadi, est qu'on ne peut sauver l'universalisme de la morale que si les questions pratiques sont susceptibles de vérité, c'est-à-dire si l'on peut, par de bonnes raisons, s'accorder rationnellement sur des prétentions à la validité normatives ». Et de continuer : « Pour pouvoir prétendre à l'universalité, la morale doit-elle s'asseoir sur le cognitivisme ? Le langage est-il le paradigme exclusif pour la construction d'une théorie morale ? et sinon, quoi d'autre ? Quoi d'autre que la discussion pour résoudre les conflits moraux ? »[68].

---

[66] J-M. FERRY, « La philosophie moderne face à la société moderne : La reconstruction habermassienne », in *Les Cahiers de philosophie : « Habermas. L'activité communicationnelle* », n°3 (1987), p. 29-30.
[67] *Ibid.,* p. 30.
[68] *ED,* p. 10.

En reposant l'universalisme moral sur le cognitivisme, il va sans dire que Habermas entreprend de dépasser le monologisme de l'éthique kantienne d'une part, et la querelle épistémologique entre les universalistes et les contextualistes, en théorie morale moderne, d'autre part. Tel est, semble-t-il, le premier défi du formalisme de l'éthique de la discussion.

Comme on le sait, Kant a fondé sa théorie morale sur l'impératif catégorique : « *Agis toujours d'après une maxime telle que tu puisses vouloir qu'elle devienne en même temps loi universelle* », ou encore : « Agis de telle sorte que la maxime de ta volonté puisse en même temps toujours valoir comme principe d'une législation universelle » ; ou autrement : « Agis comme si par ta volonté la maxime de ton action devrait être érigée en LOI UNIVERSELLE DE LA NATURE »[69]. A la différence de l'impératif *hypothétique* qui ne poserait l'action bonne que comme moyen pour obtenir *quelque chose d'autre,* l'impératif catégorique est une loi de la raison pratique, donnée par la nature des choses. Il a valeur d'un principe pratique apodictique. Il représente une action comme objectivement nécessaire en elle-même indépendamment de tout autre but, d'une intention et d'une fin étrangère[70].

Habermas accuse l'éthique de Kant d'être trop tributaire de la philosophie de la conscience et du sujet. Et, en tant que telle, elle repose sur trois hypothèses métaphysiques tout à fait infondées : d'abord la certitude que nous connaissons nos états mentaux, mieux que tout autre ; ensuite l'idée selon laquelle la connaissance s'effectue essentiellement sur le mode de la représentation d'objets ; enfin la conviction d'après laquelle la vérité des

[69] E. KANT, *Fondements de la métaphysique des mœurs,* n°60, Paris, Hatier, sd., p. 45.
[70] *Ibid.,* p. 39.

jugements s'appuie sur des évidences qui en assurent la certitude. Ce sont là autant de mythes : mythe du donné, mythe de la pensée représentative, ou mythe de la vérité conçue comme certitude. La seule certitude qui puisse exister pour les hommes, c'est le fait que le langage est le médium par excellence de la pensée[71].

De cette affirmation très forte selon laquelle la seule certitude qui puisse exister est que le langage est le médium par excellence de la pensée, Habermas démontre la supériorité de l'éthique de la discussion par rapport à celle de Kant. Par le fait même, elle échappe aux critiques de l'universalisme abstrait qui lui étaient adressées par Hegel. Et c'est pour trois raisons : premièrement, c'est parce que l'éthique de la discussion a abandonné la doctrine kantienne de deux règnes (l'intelligible et le phénoménal), considérant que les sujets capables de parler et d'agir ne sont plus soumis qu'à des présuppositions idéalisantes de la communication. Deuxièmement, l'éthique de la discussion dépasse l'approche purement intérieure de l'éthique de Kant qui escomptait de chacun qu'il entreprenne en son for intérieur la mise à l'épreuve de ses maximes d'action. Bien au contraire, une intercompréhension sur l'universalisation d'intérêts doit être le résultat d'une discussion publique réalisée intersubjectivement[72]. Troisièmement, c'est parce que le principe général de l'éthique de la discussion consiste à exiger à chaque fois l'assentiment de tous et, par conséquent, à acquérir les contenus moraux à partir des présuppositions générales de l'argumentation. Elle est focalisée sur la constitution du "point de vue moral", donc du jugement permettant l'impartialité[73]. Ainsi donc, en se

---

[71] *VJ*, p. 172-173.
[72] *Ibid.*
[73] *MC*, p. 135-136.

focalisant sur la constitution du point de vue moral au moyen du principe formel de la discussion, l'éthique de la discussion croit avoir résolu le problème de la fondation des normes de l'action par la discussion, plutôt que de l'éviter, comme le fait Kant, par un fait de raison, c'est-à-dire en posant la contrainte du devoir moral[74].

Par rapport à la querelle épistémologique qui oppose les universalistes aux contextualistes, les cognitivistes aux sceptiques en éthique, dont les tendances néo-aristotéliciennes qui revendiquent « le primat de la valeur sur le droit » et « prônent l'irréductibilité des standards de rationalité à une rationalité unique, fût-elle communicationnelle, le primat de la vie éthique concrète sur la moralité abstraite et donc, surtout, celui du bien sur le juste »[75], Habermas montre d'abord que sa théorie morale peut très bien nouer un dialogue effectif et heuristique avec les sciences cognitives, dont la théorie de l'évolution de la conscience morale de Kohlberg. Ensuite, en radicalisant le principe de la discussion, l'éthique de la discussion montre qu'au lieu d'aborder les questions morales d'un point de vue sémantique en expliquant la signification d'un prédicat, on doit plutôt viser à exprimer au moyen d'une règle argumentative destinée à la discussion pratique ce qui est entendu dans le prédicat juste ou équitable pour tous. L'éthique de la discussion tente de fonder en raison les règles argumentatives en allant vers une recherche des présuppositions pragmatiques de l'argumentation en général. Elle montre donc que l'idée d'impartialité est *enracinée dans* les structures de l'argumentation même et qu'elle n'a pas besoin *d'y être implantée* comme un contenu normatif supplémentaire[76].

---

[74] *ED*, p. 24.
[75] Cf. M. HUNYADI, « Liminaire », in *ED*, p. 7.
[76] *MC*, p. 97.

L'auteur résume la supériorité de l'éthique de la discussion en deux points :

> *La clé de voute d'une éthique de la discussion est donc constituée par les deux hypothèses suivantes : l'hypothèse (a) selon laquelle les exigences normatives de validité ont un sens cognitif et peuvent être traitées* comme *des exigences de vérité ; l'hypothèse (b) selon laquelle il est requis de mener une discussion réelle pour fonder en raison normes et commandements, cela se révélant,* en dernière analyse, *impossible à mener de manière monologique, c'est-à-dire au moyen d'une argumentation hypothétiquement développée en pensée*[77].

En un mot, l'éthique de la discussion est une théorie discursive de la morale, moderne et postmétaphysique. En tant que telle, l'éthique de la discussion est une morale déontologique dans ce sens que le phénomène qu'elle vise à expliquer est la validité prescriptive des commandements et des normes moraux qui se rapportent au règlement consensuel de conflits d'action[78]. C'est ainsi qu'elle est formaliste ou procéduraliste, universaliste et cognitiviste : (a) *formaliste* ou *procéduraliste,* dans ce sens qu'en posant la discussion comme règle générale de l'argumentation morale, « D » prend la place de l'impératif catégorique. « D » est le principe selon lequel seules peuvent prétendre à la validité les normes qui pourraient trouver l'accord de tous les concernés en tant qu'ils participent à une discussion pratique ; b) *universaliste,* dans la mesure où le principe « D », est ramené en même temps au rang d'un principe d'universalisation, « U », selon lequel « toute norme valide doit satisfaire la condition selon laquelle les suites et les effets secondaires qui, de manière prévisible,

[77] *Ibid.,* p. 89.
[78] *ED,* p. 159.

proviennent du fait que la norme a été *universellement* observée dans le dessein de satisfaire les intérêts de tout un chacun, peuvent être acceptés sans contrainte par toutes les personnes concernées »[79], (et préférées aux répercussions des autres possibilités connues de règlement »[80] ; c) *cognitiviste,* parce que le principe « D » pose que les questions morales sont susceptibles de vérité[81]. Dans cette perspective, l'éthique de la discussion réfute le scepticisme éthique et conteste l'hypothèse de base du relativisme éthique, en même temps qu'elle exclut les contenus non universalisables, c'est-à-dire toutes les orientations axiologiques concrètes intimement liées aux formes de vie particulières ou à la biographie individuelle[82].

3.3.2. Le principe universel de régulation sociale

Un autre aspect explicatif non négligeable des abstractions par lesquelles Habermas opère dans l'éthique de la discussion, c'est que le principe de la discussion est exclusif pour la régulation des sociétés libérales et complexes. En fait, le principe de la discussion sert de fondement commun pour les trois univers du discours moderne que sont la morale procéduraliste, le droit constitutionnel et la politique libérale. Même s'ils ne s'identifient pas les uns aux autres, ils ont cependant à voir les uns avec autres, car ils se recoupent pratiquement étant donné que les questions morales se transforment souvent en question d'éthique politique, partout où les

---

[79] *MC,* p. 135.
[80] *Ibid.,* p. 87.
[81] *ED*, p. 17-18.
[82] *MC*, p. 135-136.

circonstances existantes sont pure insulte en regard des exigences d'une morale universaliste[83].

« Sous l'aspect de la fondation, explique Habermas, les représentations juridiques et morales post-traditionnelles manifestent les mêmes caractéristiques structurelles. Le noyau des ordres juridiques modernes est constitué par des normes morales fondamentales qui ont acquis force de loi »[84]. C'est aussi le cas de la politique libérale. « La politique aussi est en relation étroite avec la morale et le droit. Les questions de principes politiques sont de nature morale. Et le pouvoir politique ne peut être exercé que dans la forme de décisions juridiquement contraignantes, alors que de son côté, le système juridique est rattaché à la politique par la constitution. Mais même dans le domaine de la formation publique de la volonté, la politique s'oriente davantage vers les buts collectifs posés dans le cadre de règles consenties que vers le cadre normatif du droit et de la morale eux-mêmes »[85]. Il n'en va autrement du droit constitutionnel qui recourt au principe de la discussion :

> *L'idée d'un Etat de droit se laisse alors comprendre à partir de l'intention d'institutionnaliser juridiquement les procédures et les présuppositions communicationnelles exigeantes d'un réseau d'argumentations et de négociations, différencié selon les interrogations auxquelles il doit répondre. Alors, en effet, le pouvoir politique utilisé pour faire respecter le principe de la discussion doit lui-même être discursivement maîtrisé* [86].

Sur le plan historique, Habermas s'appuie sur le fait que les sociétés libérales de l'Occident ne seraient pas

---

[83] *ED*, p. 29.
[84] *Ibid.*, p. 30.
[85] *Ibid.*
[86] *Ibid.*, p. 178.

parvenues à l'état actuel d'unification et de pacification sans le seul recours au principe formel de la discussion. C'est ce que l'on peut clairement lire dans *De l'éthique de la discussion.* « Aujourd'hui nous vivons heureusement dans des sociétés occidentales au sein desquelles, depuis deux à trois siècles, a été mené à bien un processus certes toujours faillible, toujours susceptible d'erreurs et d'être rejeté, mais néanmoins orienté vers la réalisation de droits fondamentaux, un processus disons : d'épuisement toujours moins sélectif de contenus universalistes issus des normes fondamentales. Sans de tels témoins d'une « raison » certes fragmentaire et dispersée, mais « existante », les intuitions morales que l'éthique de la discussion ne fait que conceptualiser n'auraient pas pu se développer, en tout cas pas dans toute leur ampleur »[87].

« Qui d'autre, sinon l'Europe, se demande Habermas, pourrait puiser dans ses propres traditions le discernement, l'énergie et le courage visionnaire, en un mot, tout ce qu'il faudrait pour priver de leur influence sur les mentalités les prémisses d'une contrainte désormais aveugle poussant à maintenir et à faire croître le système, prémisses qui, depuis longtemps ne sont plus métaphysiques, mais métabiologiques ? »[88]. Et de répondre allègrement dans *La paix perpétuelle* : « Seuls les États du premier monde peuvent jusqu'à un certain point s'offrir le luxe de mettre leurs intérêts nationaux en accord avec les critères normatifs qui définissent le niveau d'exigence à peu près cosmopolitique des Nations unies »[89].

Tout compte fait, pour Habermas, malgré les contradictions et les malentendus de la modernisation sociale comme dialectique de la rationalisation et de la

---

[87] *Ibid.,* p. 30.
[88] *DPM,* p. 433.
[89] *PP-BIK*, p. 67-68.

sécularisation, le principe de la discussion constitue non sans raison l'espoir de la société émancipée et pacifiée :

> *Je n'ai aucune illusion quant aux problèmes et aux états d'esprit suscités par la situation qui est la nôtre. Mais ni les états d'esprit ni les philosophes mélancoliques qui les expriment ne justifient l'abandon défaitiste des contenus radicaux de l'État de droit démocratique dont je propose une nouvelle interprétation, adaptée aux conditions d'une société complexe*[90].

Sans doute, d'après Habermas, l'institutionnalisation du principe de la discussion est la noble voie de la libération sociale, le fondement de la société émancipée et pacifiée[91]. C'est justement parce qu'il y a dans l'activité communicationnelle un aspect de régulation sociale. C'est le genre d'activité qui permet de « réactiver un fond, ou un arrière-fond, de compréhension au sein d'une communauté et éventuellement de problématiser certains éléments de compréhension et de trouver des solutions non données d'avance dans l'héritage culturel des traditions. Dans ce sens, l'agir communicationnel est l'activité sociale par excellence, sans laquelle il n'y aurait pas de société en général »[92].

Concluons avec Yves Cusset que, pour Habermas, la discussion est un principe d'espérance sociale : espoir de « *refonder une théorie critique de la société* » communicationnelle, éprise de justice et de paix perpétuelle, basée sur les principes de réciprocité et d'entente ; espoir de « *reconstruire la raison pratique »*, en sondant les chances raisonnables d'établir une éthique qui ne dépende pas de la disposition

---

[90] *DD,* p. 13

[91] *VJ.,* p. 90.

[92] J-M. FERRY, « La philosophie moderne face à la société moderne », *art.cit.,* p. 32.

dogmatique ni formaliste d'un principe substantiel ou transcendant, mais qui ne s'appuie que sur les seules ressources d'une communication devenue réflexive et élevée au niveau de la discussion » ; espoir de « *repenser l'espace public* », en reconstruisant la théorie normative d'un espace juridico-politique dans lequel puissent être effectivement mis en œuvre les principes d'une éthique de la discussion et sollicitées par là même les ressources sociales de la communication, par-delà la sphère abstraite des principes ou celle privée des choix moraux[93].

Néanmoins, comme le pense Andrew Feenberg, force est de constater que même si le principe de la discussion traduit fondamentalement l'aspiration des peuples à une vie humaine meilleure, toujours plus améliorée, un idéal d'abondance viable et un type d'homme qui soit libre et indépendant, contrairement à l'idée d'obtenir toujours plus de biens que nous propose le système socio-économique en vigueur, autrement dit d'espérer en la construction d'un avenir où la technique ne sera pas un destin qu'il faudra accepter ou rejeter, mais un défi à la créativité politique ou sociale[94], la théorie de l'agir communicationnel n'a pas pour autant résolu la question de la technique. D'ailleurs Habermas n'y consacre même pas quelques lignes intéressantes. N'aurait-il pas une conception essentialiste ou ontologique de la technique, c'est-à-dire neutre dès qu'elle se cantonne à sa sphère propre[95] ?

---

[93] Cf. Y. CUSSET, *Habermas. L'espoir de la discussion*, Paris, Ed. Michalon, 2001, p. 14-15.
[94] Cf. A. FEENBERG, *(Re)penser la technique,* p. 220.
[95] *Ibid.*, p. 138.

DEUXIÈME PARTIE

La question de l'émancipation à l'aune de la révolution biologique

« La "révolution neurobiologique" ne fait que commencer, elle n'a pas encore atteint ses objectifs majeurs. Bien des questions posées restent encore en suspens »

J-P. CHANGEUX, *L'homme neuronal,* p. 332-333.

« Etre, procréer, mourir... Ces trois verbes n'ont plus tout à fait le même contenu depuis les derniers progrès de la biologie. "La biologie et la médecine modifient le visage historique de l'homme", [...]."Comment nier que la biologie ait une puissante incidence sur notre philosophie et notre culture, puisqu'elle nous fait changer d'humanisme". Ce qui est sûr, c'est qu'elle est en train d'altérer l'image que l'homme a de soi ; elle fait éclater les notions traditionnelles de filiation, d'individualité, de sexe, voire de vie et de mort. Le "vivre" naturel apparaît désormais comme un cas particulier d'entre les " vivre" possibles, tout comme la géométrie euclidienne parmi d'autres géométries ».

J. ROSTAND, *Inquiétudes d'un biologiste*, Paris, Ed. Stock, 1973, p. 18-19.

CHAPITRE 4

La biologisation de la question humaine

Entre le déterminisme réductionniste et le libre arbitre

Nous entendons par « la question humaine » l'ensemble des conditions naturelles et culturelles qui doivent être remplies pour que l'être humain soit capable de mener *authentiquement* sa vie. En quoi la révolution biologique y apporte-t-elle non seulement de l'espoir, mais aussi de l'inquiétude ? Quel rapport y a-t-il entre le déterminisme biologique et l'autocompréhension éthique de la liberté humaine ?

Pour pouvoir répondre approximativement à ces questions, nous parlerons dans un premier temps des acquis épistémologiques et des défis anthropologiques du tournant biologique de la connaissance et de l'action humaine. Ensuite, nous analyserons quelques questions de bioéthique posées par l'idée de l'humanisme technologique. Enfin nous verrons dans quel sens la conception habermassienne du naturalisme atténué ou faible permet de réfuter la réduction naturaliste de l'agir proprement humain.

4.1. Des acquis et des défis majeurs de la révolution biologique

4.1.1. Du mécanisme au déterminisme génétique

a) Le principe de la sélection naturelle

Il revient au naturaliste anglais Charles Darwin d'avoir soutenu et développé le principe de la sélection naturelle, en 1859, dans *L'Origine des espèces au moyen de la sélection naturelle ou la lutte pour l'existence dans la nature*. Il faut savoir qu'avant la publication de son livre, Darwin était bien informé des travaux de Jean-Baptiste de Lamarck [(*Le Système des animaux sans vertèbres*(1801) et la *Philosophie zoologique* (1809)] où il avait posé les jalons d'une théorie de l'évolution biologique, à savoir le transformisme. Sur la base des observations anatomiques systématiques, le transformisme stipule qu'à l'origine des espèces vivantes se situe un long processus de transformation, lente et graduelle, selon des lignées phylétiques, avec branchements successifs au fil des générations, et inclut l'homme comme produit final de ce processus. « Pour lui (Lamarck), la " nature donne à la vie animale le pouvoir d'acquérir progressivement une organisation complexe". Les changements d'environnement entraînent un changement des besoins qui crée un changement des habitudes ; les organes se modifient ensuite suivant deux lois : *la loi de l'usage et du non-usage* : l'emploi le plus fréquent et le plus soutenu d'un organe quelconque fortifie peu à peu cet organe, le développe, l'agrandit ; *la loi d'hérédité* des caractères acquis : ce qui est acquis par l'influence des circonstances [...], la race le conserve par la génération aux nouveaux individus qui en proviennent »[1].

---

[1] LAMARCK, cité par J.P. CHANGEUX, *Du vrai, du beau, du bien.*

Lamarck insiste surtout sur la force des besoins, les ressources de l'exercice et l'importance des circonstances. En d'autres termes, les conditionnements extérieurs à l'organisme, tels l'emploi réitéré, l'effort, les habitudes, ou inversement, la domestication, le renoncement, transforment peu à peu l'animal de telle sorte qu'il est forcément ce qu'il devient. La morphogénèse l'emporte. La fonction fait l'organe. Le défaut d'exercices, à la longue, atrophie, plus tard, l'appareil s'anéantit. Les descendants eux-mêmes en seront privés (hérédité de l'acquis). Au contraire, tout organe prend peu à peu des dimensions et un développement, s'il est sollicité[2].

> *Les grands changements dans les circonstances amènent, pour les animaux, des grands changements dans leurs besoins et de pareils changements dans les besoins en amènent nécessairement dans les actions. [...]. Ce ne sont pas les organes, c'est-à-dire la nature et la forme des parties du corps d'un animal qui ont donné lieu à ses habitudes et à ses facultés particulières, mais ce sont au contraire, ses habitudes, sa manière de vivre et les circonstances dans lesquelles se sont rencontrés les individus qui ont, avec le temps, constitué la forme de son corps, le nombre et l'état de ses organes, enfin les facultés dont il jouit*[3].

Le transformisme de Lamarck sera fort critiqué par le fait d'entretenir un certain nombre d'ambigüités : est-ce le dehors qui sculpte l'organisme ou y a-t-il une auto-transformation ? C'est dans cet environnement intellectuellement dominé par la théorie lamarckienne que Charles Darwin développera de manière originale sa théorie de la sélection naturelle où le modèle de mécanisme de l'évolution biologique paraît plausible.

Une nouvelle approche neuronale, Paris, Odile Jacob, 2008, p. 333.

[2] Cf. F. DAGOGNET, *Le vivant,* p. 46.

[3] *Ibid.,* p. 45-46.

Pour lui, le concept de « nature » signifie l'action combinée et les résultats complexes d'un grand nombre de lois naturelles.

En effet, d'après Darwin, un mécanisme naturel serait à la base de l'évolution et de la différenciation des espèces vivantes, les unes des autres. Darwin pensa d'abord à l'effet de la lutte pour l'existence, puis finalement à la loi ou au principe de la sélection naturelle en tant que « mécanisme de "conservation des variations favorables et rejet des variations nuisibles"»[4]. L'hypothèse du départ qui ne sera pas retenue consistait à considérer que l'évolution des espèces dans la nature était due à la lutte pour l'existence dans la mesure où, au nom du principe de l'augmentation géométrique, les individus ascendants doivent mourir (être détruits) afin de céder la place à leurs descendants, sinon il manquerait de la nourriture pour que l'espèce survive et se perpétue. C'est la doctrine de Malthus appliquée avec une intensité beaucoup plus considérable à tout le règne animal et à tout le règne végétal[5]. Cette hypothèse s'avéra finalement très problématique pour être poursuivie. Par contre, la seconde hypothèse qui sera retenue et poursuivie, prises en compte les multiples observations relatives au développement des espèces vivantes domestiquées dans diverses régions du monde, est le principe de la sélection naturelle, autrement appelé la persistance du plus apte, en tant que principe de conservation des différences et des variations individuelles :

> *J'ai donné le nom de sélection naturelle ou de persistance du plus apte à cette conservation des différences et des*

---

[4] J-P. CHANGEUX, *L'homme neuronal,* p. 334.

[5] C. DARWIN, *L'Origine des espèces au moyen de la sélection naturelle ou la lutte pour l'existence dans la nature* (traduction de E. Barbier), 6e éd. Paris, C. Reinwald et cie, 1876, p. 69-70.

variations individuelles favorables et à cette élimination des variations nuisibles. Les variations insignifiantes, c'est-à-dire qui ne sont ni utiles ni nuisibles à l'individu, ne sont certainement pas affectées par la sélection naturelle et demeurent à l'état d'éléments variables...[6].

En termes métaphoriques, Darwin dit que la sélection naturelle opère sans cesse et recherche, partout dans le monde, des variations les plus légères et qu'elle repousse celles qui sont nuisibles ; elle conserve et accumule celles qui sont utiles afin d'améliorer tous les êtres organisés relativement à leurs conditions d'existence organiques et inorganiques. La sélection n'agit donc qu'en vue de l'avantage de chaque être vivant, mieux dans l'intérêt de son amélioration[7].

D'un point de vue épistémologique, cette théorie de Darwin pose un certain nombre de problèmes critiques, liés notamment à la question de savoir comment la conservation et la variation des caractères se répètent (-elles) d'une génération à une autre s'il est vrai que la sélection naturelle n'agit exclusivement que par utilité. « Comment chaque espèce, utilisant les mêmes matériaux et les mêmes transformations chimiques que toutes les autres, maintient-elle, invariante au travers des générations, la norme structurale qui la caractérise et la différencie de toute autre ? »[8].

Darwin en était conscient. A priori, il supposait que l'hérédité des qualités aux âges correspondants jouait un grand rôle dans la conservation des caractères. La sélection naturelle agirait donc par l'intermédiaire de la sexualité, sur l'œuf, sur la graine ou sur le jeune individu de manière à les modifier aussi facilement qu'elle peut

---

[6] *Ibid.*, p. 86.
[7] *Ibid.*, p. 90.
[8] J. MONOD, *Le hasard et la nécessité. Essai sur la philosophie naturelle de la biologie moderne*, Paris, Seuil, 1970, p. 120.

modifier l'adulte. Malheureusement, à cette époque, le naturaliste anglais n'avait pas de moyens techniques développés pour donner la preuve de l'action sélective de la sexualité et de l'hérédité. Il était donc conscient de son ignorance profonde en cette matière[9].

Quant aux variations des caractères, il avait supposé, comme Lamarck, que l'influence de l'environnement n'était pas à méconnaître, bien qu'il n'en résulte que des variations de moindre importance[10]. A ces difficultés s'ajoutent également la théorie de la descendance avec modifications, le manque ou la rareté des variétés de transition, le problème des transitions dans les habitudes de la vie, les habitudes différentes chez la même espèce, les espèces ayant des habitudes entièrement différentes de celles des espèces voisines, les organes de perfection extrême, le mode de transition, la distinction entre les organes importants et les organes peu importants, etc.[11].

---

[9] C. DARWIN, *op. cit.,* p. 144.

[10] Darwin s'explique : « Nous ne pouvons pas, une fois sur cent, prétendre indiquer les raisons d'une variation donnée. [...] Le changement des conditions ne produit généralement qu'une variabilité flottante, mais quelquefois aussi des effets directs et définis ; or, ces effets peuvent à la longue, devenir très prononcés, bien que nous ne puissions rien affirmer, n'ayant pas de preuves suffisantes sur ce point. L'habitude, en produisant des particularités constitutionnelles, l'usage en fortifiant les organes, et le non-usage en les affaiblissant et en les diminuant, semblent, dans beaucoup de cas, avoir exercé une action puissante. Les parties homologues tendent à varier d'une même manière et à se souder. Des modifications dans les parties dures et externes affectent quelquefois des parties molles et internes » (*Ibid.,* p. 178-179)

[11] *Ibid.,* p. 181

b) Le déterminisme génétique et la plasticité neuronale

Avec la découverte de l'ADN (Acide désoxyribo-nucléique), au milieu du XXe siècle par Avery, McLeod et McCarthy (1944), une ébauche de réponse fiable aux sérieuses questions concernant l'hérédité a été finalement amorcée. D'après cette découverte, l'ADN est l'invariant biologique fondamental, « le support matériel et ultime de l'hérédité »[12]. Il est composé de l'enchaînement de « perles » ou nucléotides en deux fibres complémentaires, associées en double hélice. Lors de la reproduction et de la division cellulaire, l'ADN est copié à l'identique. Il se reproduit sans aucune modification (la reproduction, *ne varietur*), à chaque génération cellulaire[13]. Les molécules distribuées sur les divers gènes et ceux-ci alignés à leur tour sur le chromosome, contiennent toutes les informations relatives à la constitution du vivant. « Les Tables de la Loi sont inscrites dans l'ADN des chromosomes »[14], dira Jacques Monod.

La question de la variance et de l'invariance des caractères de la même espèce trouve enfin une approche scientifique beaucoup plus élaborée. Car, comme l'avait exprimé très clairement Monod, la découverte du « code secret » de la vie contenu dans l'ADN marque une étape importante dans la connaissance du vivant. Même si cette théorie moléculaire du code ne pouvait ni prédire ni résoudre toute la biosphère, elle constitue par ailleurs une théorie générale des systèmes vivants : « Il n'y avait rien de semblable dans la connaissance scientifique antérieure à l'avènement de la biologie moléculaire. Le " secret de la

---

[12] J-P. CHANGEUX, *L'homme neuronal,* p. 305-306.
[13] *Ibid.,* p. 224.
[14] *Ibid.,* p. 224.

vie " pouvait alors paraître inaccessible dans son principe même. Il est aujourd'hui en grande partie dévoilé »[15].

Mais la découverte de l'ADN ne résout pas jusque-là l'épineuse question concernant la différenciation des caractères des individus de la même espèce, tel le cas des vrais jumeaux. L'idée de la plasticité cérébrale permet de résoudre ce problème.

D'après les multiples recherches concordantes des biologistes, le cerveau est l'organe le plus complexe, c'est le summum de complexité de la matière vivante dépassant de beaucoup les modestes réalisations de nos machines à calculer[16], ou mieux des machines électroniques les plus performantes[17]. Il est entouré d'une « enveloppe génétique » élastique qui lui permet de s'adapter aux déterminations exogènes. L'évolution du système nerveux s'accompagne d'une augmentation de la frange d'« irreproductibilité » entre les individus qui ont le même génome comme les vrais jumeaux. Des mammifères primitifs à l'homme, l'enveloppe génétique s'ouvre à la variabilité individuelle[18].

En effet, l'idée de la plasticité cérébrale explique le mécanisme complémentaire au déterminisme génétique. Selon l'expression de Jean-Pierre Changeux, ce mécanisme s'appellerait « l'épigenèse active par stabilisation sélective des synapses »[19], ou encore « l'épigenèse des réseaux de neurones par stabilisation sélective »[20]. Cela signifie qu'en dépit d'une mince évolution du patrimoine génétique, l'organisation neuronale se déploie d'une manière toujours plus complexe et se renouvelle à chaque

---

[15] J. MONOD, *op. cit.*, p. 12.
[16] *Ibid.*, p. 19-20.
[17] J-P. CHANGEUX, *Du vrai, du beau, du bien,* p. 371-372.
[18] Cf. J. MONOD, *op. cit.*, p. 261.
[19] J-C. CHANGEUX, *L'homme neuronal,* p. 254.
[20] *Ibid.*, p. 281.

génération. La construction du cerveau ne suit pas un quelconque « programme » malgré le pouvoir programmatique des gènes, car il ne s'étend pas jusqu'aux détails les plus fins de l'organisme vivant.

En d'autres termes, un déterminisme strictement génétique est incapable de rendre intégralement compte de la complexité d'assemblage de l'encéphale humain. C'est pourquoi, on devrait admettre que plusieurs mécanismes, de nature combinatoire, sont en principe susceptibles d'engendrer l'énorme complexité propre au cerveau humain. Ce mécanisme combinatoire de nature différente est « épigénétique » dans la mesure où il ne fait pas intervenir des modifications dans le matériel génétique. Il ne s'exerce plus au niveau de la cellule mais à celui, plus élevé, des *ensembles* de cellules nerveuses[21].

Le cerveau humain a donc la capacité de produire et de combiner les objets mentaux, de les mettre en mémoire et de les communiquer sous diverses formes codées qui se propagent en représentations mentales d'un individu à l'autre et se perpétuent au fil des générations, sans requérir une quelconque mutation du matériel génétique. C'est ainsi que naît une nouvelle forme de mémoire en dehors de l'individu et de son cerveau, un ensemble de signes et de symboles évocateurs d'objets mentaux et enregistrés dans des substrats sans neurones ni synapses comme la pierre ou le bois, le papier et la bande magnétique ; bref l'épigenèse du cerveau est source de tradition culturelle[22].

Néanmoins, une approche intéressante du déterminisme neuronal a été faite par Eric Kandel sur l'historicité du cerveau. L'auteur défend l'idée que chaque cerveau a sa propre histoire et que chaque histoire est jalonnée d'événements heureux ou malheureux. « […]. Par voie de

---

[21] *Ibid.*, p. 254.
[22] *Ibid.*, p. 295.

conséquence, comme chaque être humain est élevé dans un environnement différent et connaît des expériences différentes, l'architecture du cerveau de chacun est unique. Même des jumeaux possédant des gènes identiques ont des cerveaux différents en raison des expériences différentes qu'ils ont traversées au cours de leur vie »[23].

4.1.2. La réduction naturaliste de la liberté humaine

D'entrée de jeu, on doit distinguer entre deux versions prévalentes du réductionnisme biologique : le déterminisme génétique et l'interprétation computationnelle de la pensée. Le déterminisme génétique stipule que toutes les pensées et tous nos comportements humains sont explicables, en dernière instance, au moins en droit sinon déjà en fait, par la seule causalité biologique. Quant à l'interprétation computationnelle de la pensée, elle défend l'hypothèse selon laquelle il serait possible d'expliquer avec toute la précision scientifique voulue l'intégralité des fonctions cérébrales par les modèles mathématiques qu'élaborent les spécialistes de l'intelligence artificielle qui affirment que les « réseaux neuronaux » peuvent être considérés comme équivalents au « hardware », la pensée constituant le « software »[24].

D'après l'auteur de *L'homme neuronal,* Jean-Pierre Changeux, les diverses observations et expériences scientifiques effectuées sur des comportements animaux et humains mettent toutes en évidence le caractère mécanique des actions de tous les vivants. Qu'il s'agisse des macros ou des micro-organismes, les mêmes mécanismes biologiques se déclenchent de la même

---

[23] B. FELTZ, « Plasticité neuronale et libre arbitre », in *Archives de philosophie du droit : « Le droit et les sciences de l'esprit »*, t.55 (2012), p. 100.

[24] D. LECOURT, *op.cit.,* p. 119-120.

manière chez tous les êtres vivants : l'acte de chanter et de fuir, de boire et de souffrir, de jouir et de s'irriter, dont la faculté de souffrir, d'atteindre l'orgasme, d'analyser, de parler et de faire quelque chose[25], etc.

A la base de ces actions, il y a d'abord l'activité électrochimique de l'organisme. Ces actions seront ensuite codifiées dans des impulsions électriques ou des signaux chimiques, dans la complexité de réseaux de neurones et leurs connexions. D'où sa conception irréductiblement déterministe de l'agir humain selon Jean-Pierre Changeux :

> *Cet ensemble d'observations et de réflexions conduit non seulement à prendre en compte les mécanismes internes du comportement, mais à adopter vis-à-vis d'eux un point de vue déterministe. Rien ne s'oppose plus désormais, sur le plan théorique, à ce que les conduites de l'homme soient décrites en termes d'activités neuronales. Il est grand temps que l'Homme Neuronal entre en scène*[26].

En fait, selon Changeux le neurobiologiste français, le concept de l'Homme neuronal s'oppose à la théorie béhavioriste qui pose des règles phénoménologiques pouvant exister entre un stimulus du monde extérieur et une réponse comportementale. Par contre, avec la découverte des mécanismes internes à l'action même du vivant, le biologiste s'apprêterait à « conclure avec sécurité que tout comportement, toute sensation s'expliquent par la mobilisation interne d'un ensemble topologiquement défini de cellules nerveuses, un graphe qui lui est propre »[27]. Et de renchérir :

> *Les possibilités combinatoires liées au nombre et à la diversité des connexions du cerveau de l'homme paraissent*

---

[25] J-P. CHANGEUX, *L'homme neuronal,* p. 126-152

[26] *Ibid.,* p. 159.

[27] *Ibid.,* p. 157.

effectivement suffisantes pour rendre compte des capacités humaines. Le clivage entre activités mentales et neuronales ne se justifie point. Désormais, à quoi bon parler d'« Esprit » ? Il n'y a plus que deux « aspects » d'un seul et même événement que l'on pourra décrire avec des termes empruntés soit au langage du psychologue (ou de l'introspection), soit à celui du neurobiologiste[28].

De ces observations empiriques, Jean-Pierre Changeux, en bon neurophysiologiste, en arrive à la réduction de l'identité entre états mentaux et états physiologiques ou physicochimiques du cerveau[29]. Et c'est seulement à partir de cette perspective qu'il peut remettre en question la conception traditionnelle du libre arbitre et de la pleine responsabilité. Par « objet mental », le neurophysiologiste entend l'état physique constitué par l'activité cohérente (électrique et/ou chimique) d'une population (ou groupe) distribuée mais définie des neurones. Ainsi donc, le « contenu de sens » d'un objet mental relève – les termes s'inspirent de Spinoza – tant de la « géographie corporelle » des cartes cérébrales qu'elles mettent à contribution que de leurs « activités transitives et dynamiques ». Entrent en ligne de compte dans cette catégorie des objets mentaux les représentations sociales et/ou culturelles destinées à être communiquées entre personnes – en particulier, les conventions sociales et les règles morales[30]. Ce sont « autant d'images mentales dont la matérialité ne peut être mise en doute »[31]. Leur durée de vie est supérieure à celle du cerveau qui, un beau jour, en quelques fractions de seconde, les a produits. La conscience, quant à elle, est un mécanisme cérébral qui permet d'évaluer les autres objets mentaux tels que les

---

[28] *Ibid.*, p. 334.
[29] *Ibid.*
[30] J-P. CHANGEUX, *Du vrai, du beau, du bien,* p. 93-94.
[31] IDEM, *L'homme neuronal,* p. 341.

hallucinations, l'attention et les émotions, ainsi que les diverses formes de l'amour ou de l'affection. On peut relire Changeux en ces termes :

> *Le mot de conscience désigne pour nous une fonction cérébrale, un espace de simulation interne d'actions virtuelles où une évolution interne d'objets mentaux, une dynamique d'activités peuvent se développer avec une économie considérable de temps, d'expériences et de comportements. Cet espace conscient sert de lieu d'évaluation des intentions, des buts, des programmes d'action en référence constante avec ...*[32].

Pour le neurobiologiste, on peut objectivement connaître et maîtriser la conscience d'autrui, c'est-à-dire être capable d'en examiner et de modifier les états de l'extérieur, en identifier les mécanismes qui font passer d'un état à l'autre[33], autrement dit être capable de « se mettre à la place d'autrui », de « reconnaître d'éventuelles différentes identités avec ses propres états mentaux et de planifier ses actions vis-à-vis d'autrui d'une manière qui s'accorde (ou non) avec les normes morales qu'il a internalisées »[34]. Quant aux valeurs morales, ce sont des effets de forces impulsives de l'organisme transformées chimiquement en « objets mentaux » comme la sympathie, la mémoire, la faculté du langage et les habitudes :

> *« Sympathie : " s'il possède des* instincts sociaux qui le poussent à trouver du plaisir dans la société de ses semblables, à éprouver une certaine sympathie pour eux... qui pousse à les aider d'une manière générale ".
>
> *Mémoire* : " s'il conserve dans son cerveau l'image de toutes les actions passées et les motifs qui l'ont poussé à agir comme il l'a fait et s'il éprouve un sentiment de regret

[32] IDEM, *Du vrai, du beau, du bien,* p. 96.
[33] IDEM, *L'homme neuronal,* p. 183.
[34] *Ibid.,* p. 94.

lorsqu'il s'aperçoit que l'instinct social a cédé à quelque autre instinct"

Faculté de langage : s'il utilise le langage pour "exprimer les désirs, l'opinion commune, sur le mode suivant lequel chaque membre doit concourir au bien public".

Habitudes : " la sympathie et l'instinct social se fortifiant considérablement par l'habitude" »[35].

Les règles morales, pour autant qu'elles servent à guider l'action en société, elles peuvent être hiérarchisées entre les *règles morales supérieures,* basées sur l'approbation de ses semblables et sur la raison, autrement dit sur les instincts sociaux ayant trait à la prospérité des autres, et les *règles morales inférieures,* issues de l'opinion publique et mûries par l'expérience et la civilisation. La sélection cérébrale sert dans ce cas de principe discriminatoire. De la conjonction de ces deux niveaux de l'évolution de la conscience morale résulte la « Règle d'or » : « *Fais aux hommes ce que tu voudrais qu'ils te fassent à toi-même ».* Celle-ci prend le relais et parfois se mêle à l'évolution biologique par un processus adaptatif lamarckien[36].

Les prédispositions naturelles, sélectivement utilisées, servent en fin de compte à assurer le maintien de l'intersubjectivité. Autrement dit, la sélection des règles de vie communautaires s'opère naturellement dans chaque individu afin que l'action passe des instincts de l'homme à un « état très grossier » vers le jugement critique et la coopération avec les autres. « La normativité éthique, la règle d'or en particulier, émergerait alors « naturelle-

---

[35] C. DARWIN, cité par J-P. CHANGEUX, *Du vrai, du beau, du bien,* p. 70.
[36] J-P. CHANGEUX, *L'homme neuronal,* p. 71-72.

ment » de l'extension épigénétique d'une évolution biologique favorable au renforcement du lien social »[37].

Il y a pour ainsi dire deux niveaux de l'évolution de la conscience morale. Au stade le plus élémentaire se situe le besoin de survie et de perpétuation de l'espèce, le *conatus* (effort d'un être pour se conserver, en termes de Spinoza), comme étant le premier et unique fondement de la vertu. Ce besoin est déjà inscrit dans le cerveau[38]. Au niveau le plus élevé, la joie du devoir bien accompli, « l'harmonie *affective* », c'est-à-dire « ce qui chez l'individu tend à *atténuer douleur* et *souffrance* et favorise l'accomplissement du désir, désir qui à un niveau de représentations mentales plus élevé, s'appelle « *la vie bonne* » dans le langage philosophique d'Aristote, puis de Ricœur »[39], écrit Jean-Pierre Changeux.

L'enjeu est de taille. La réduction naturaliste de l'agir humain s'ouvre à la remise en question de la liberté humaine. « Pour le neurophysiologiste, écrit Paul Chauchard, la liberté est une propriété du cerveau humain, la possibilité pour un cerveau normal de maîtriser ses déterminismes, de choisir entre eux, d'inventer une condition mieux adaptée ; elle résulte de la physiologie de la conscience réfléchie qui donne à l'homme le pouvoir de se juger. La liberté n'est pas dans les fissures inexistantes des déterminismes, elle est un déterminisme supérieur, non un pouvoir magique transcendantal de faire n'importe quoi, mais la reconnaissance de la nécessité équilibrante du bien et de l'effet déséquilibrant du mal qui oblige d'être homme si nous voulons échapper au pathologique »[40].

---

[37] IDEM, *Du vrai, du beau, du bien,* p. 72-73.

[38] Cf. SPINOZA, (*Ethique*, IV, 22), cité par J-P. CHANGEUX, *Ibid.,* p. 98.

[39] *Ibid.*

[40] P. CHAUCHARD, *Le cerveau et la conscience,* Paris, Seuil, 1960 p. 182.

Daniel Wegner, par exemple, nie le libre arbitre et défend le déterminisme radical. Au travers de l'hypothèse de « la causation mentale apparente », il défend l'idée que les causes réelles de l'action sont inconscientes et ce sont elles qui causent la conscience apparente que le sujet a de son action. En d'autres termes, la conscience ne cause pas l'action. Au contraire, ce sont des processus mentaux inconscients qui causent l'action volontaire. Bernard Feltz explicite cette thèse en ces termes :

> *L'expérience d'une volonté consciente survient lorsqu'une personne attribue un lien causal apparent de la pensée à l'action. Le lien causal effectif n'est pas présent dans la conscience de la personne. La pensée et l'action seraient causées par des événements mentaux inconscients, et ces événements mentaux inconscients peuvent également être liés les uns aux autres soit directement, soit encore à d'autres processus mentaux ou neuronaux. La volonté est perçue comme le résultat de ce qui est apparent, et non de ce qui est réel*[41].

Plus osée est encore l'hypothèse de Kerstin Uvnäs Moberg pour qui l'amour, en tant qu'acte des personnes amoureuses, serait directement causé par l'ocytocine, définie comme l'hormone causale de l'amour, de la confiance et de l'attachement à l'autre. Du point de vue de la neurophysiologie, l'amour ne serait qu'une suite de réactions chimiques de notre cerveau, destinée à maintenir la survie de l'espèce. La fréquence des rapports sexuels augmenterait la production de l'ocytocine chez l'homme, participerait efficacement à l'attachement réciproque et réduirait leur agressivité. Les tendres câlins et les caresses répétées participent aussi à la production de cette

---

[41] Cf. B. FELTZ, « Plasticité neuronale et libre arbitre », in *Archives de philosophie du droit*. T.55. *Le droit et les sciences de l'esprit*, n° 55 (2012), p. 106.

hormone. Sur le plan temporel, l'amour aurait une date de péremption très courte, limitée plus ou moins à trois ans. Passé ce délai, les couples n'éprouveraient plus qu'une forme d'affection et d'attachement pour leur conjoint. Sur le plan du marketing, la commercialisation de l'ocytocine sous la forme de spray permettrait de maximiser les relations amoureuses. L'expérience aurait donc prouvé que les clients dopés à l'ocytocine étaient moins méfiants et plus attirés sur le marché que les autres[42].

Tout bien considéré, ces différentes approches réductionnistes conduisent à la remise en question de l'autocompréhension même de l'espèce humaine dans son ensemble. L'une des tentatives dans cette direction se trouverait amorcée dans et par *La fin de l'exception humaine* de Jean-Marie Schaeffer : « L'homme fait exception parmi les êtres qui peuplent la terre, voire qu'il fait exception parmi les êtres – ou l'être – tout court. Cette exception, nous dit-on, serait due au fait que dans son essence proprement humaine, l'homme posséderait une dimension ontologique émergente en vertu de laquelle il transcenderait à la fois la réalité des autres formes de vie et sa propre " naturalité" »[43]. Et de s'interroger :

> *Comment se fait-il que les avancées importantes dans la connaissance de l'être humain apportées par la biologie, la neuroscience, l'éthologie ou la psychologie, n'ont pas été saluées par tous les chercheurs en sciences sociales ni par tous les philosophes et par tous les chercheurs dans le champ des faits de culture (au sens restreint du terme) comme rendant envisageable le développement d'un modèle intégré de l'étude de l'humain ? [...]En sorte que les*

---

[42] Cf. UVNÄS MOBERG, « *L'ocytocine : hormone de l'amour* », in www.carevox.fr/enfants-ados/L-ocytocine-l-hormone-de-la-confiance-et-de-l-amour

[43] J-M. SCHAEFFER, *La fin de l'exception humaine,* Paris, Gallimard, 2007, p. 14.

travaux des sciences biologiques et des sciences sociales n'ont pas été tenus pour le fondement de l'impératif du "Connais-toi toi-même ! "[44].

Remettant en question ce qu'il appelle la « Thèse » de l'exception humaine, l'auteur la trouve infondée sur trois plans théoriques : philosophique, scientifique et culturel.

(a) Sous *sa forme philosophique*, la Thèse refuse d'arrimer l'identité de l'homme non seulement à la vie biologique, mais aussi à la vie sociale. Autrement dit, dans son essence propre, l'homme serait « un moi », ou un « sujet » radicalement autonome et fondateur de son propre être. Cette hypothèse avait été développée par les philosophies du sujet et de la conscience, nées au XXe siècle, dont la phénoménologie, les néo-kantismes, les philosophies analytiques, l'herméneutique et l'existentialisme.

b) Sous *sa forme scientifique*, plus précisément dans les sciences sociales, la Thèse conçoit la nature humaine, ou sa transcendance, comme le fait pour l'homme social d'être « l'homme non naturel », voire « anti-naturel » supposant que la vie biologique ne serait que le substrat de l'humanité et n'aurait rien à voir avec son identité propre.

c) Sous *sa forme culturelle,* véhiculée par les sciences humaines (celles qui portent sur la culture), la Thèse soutient que c'est la « culture », comprise comme création de systèmes symboliques, qui constitue l'identité proprement humaine. Ceci veut dire que c'est seulement par la culture que l'être humain s'élève au-dessus de sa naturalité et de sa socialité de telle sorte que cette conception de l'humanité engendre la polémique non seulement vis-à-vis des sciences de la vie mais aussi face aux sciences sociales[45].

---

[44] *Ibid.,* p. 15.
[45] *Ibid.,* p. 14-15.

En fait, Jean-Marie Schaeffer plaide en faveur d'une vision intégrée de l'homme. Pour ce faire, il pense que la sortie de clivages autant dommageables que la Thèse de l'exception humaine a institués dans la culture consisterait à faire que les sciences de la culture se développent de concert avec les autres connaissances concernant l'homme[46].

Néanmoins, le concept du naturalisme biologique que Jean-Pierre Schaeffer défend ne semble pas très bien correspondre avec l'idée que les hommes se font globalement d'eux-mêmes. Certes, il prévient qu'à la différence des autres versions de la « naturalisation » qui ne seraient que du cartésianisme retourné contre lui-même, son naturalisme exprime « l'idée que les faits sociaux, culturels et mentaux font partie de la constitution biologique et ne relèvent pas d'un ordre de réalité qui transcenderait cette constitution. Adopter une approche en termes d'un tel naturalisme biologique équivaut donc à soumettre que, tout comme l'écholocation fait partie de la biologie des chauves-souris, l'individuation sociale, les états mentaux, la production des signes publiquement partageables et le développement d'une transmission exosomatique accumulatrice (la culture comme fait intrinsèquement historique) font partie de la biologie de l'espèce humaine »[47].

« Quel effet cela fait d'être une chauve-souris ? »[48], pourrons-nous nous demander. En réaction à ce livre, Paul

---

[46] *Ibid.,* p. 17.

[47] *Ibid.,* p. 209.

[48] Thomas Nagel avait fait référence à l'écholocation comme mécanisme automatique qui permet à la chauve-souris de se déplacer aveuglement et sans encombre dans son environnement. Il voulait par là savoir si la description et le discours scientifique à la troisième personne épuisait toute la perception que la chauve-souris avait d'elle-même. (Cfr. B. FELTZ, « Neurosciences, conscience, liberté », in B.

Valadier écrit *L'exception humaine* où il se demande non sans raison si derrière la mise en cause du christianisme et du rationalisme occidental, le plaidoyer pour la fin de l'exception humaine ne militerait-il pas pour « le retour d'un certain rapport fusionnel voire animiste au cosmos », considérant l'être humain comme le dernier maillon faible de l'évolution naturelle[49].

Or, l'histoire des actions posées par l'homme plaide d'elle-même en faveur du maintien de la Thèse. Depuis l'Antiquité grecque, l'homme s'excepte par *la capacité de s'étonner* – l'étonnement philosophique –, impliquant aussi la conscience de se trouver dans un univers qui suscite étonnement, admiration et surprise. A l'époque moderne, Descartes et le rationalisme montrent que l'être humain s'excepte par sa réflexion, « Je pense donc je suis, (*Cogito ergo sum)»*. Cela signifie que l'être humain « se définit » comme une « interrogation toujours renouvelée sur lui-même et sur le monde. Son exception tiendrait donc à ce pouvoir d'admiration, d'étonnement et de renouvellement toujours repris de la même question, mais aussi à cette sagesse qui le conduit à reconnaître et à accepter ses limites »[50].

En toute hypothèse, Schaeffer s'en prendrait à l'idée de « la nature humaine ». Comme le dit Dominique Lecourt, « les sciences du vivant nous montrent aujourd'hui qu'il n'existe pas, qu'il n'a jamais existé dans l'être humain un noyau biologique intangible qu'on puisse baptiser « nature » pour l'ériger en référence absolue – donc intangible – des systèmes normatifs qui structurent nos sociétés, par le droit et la politique »[51].

BOURGINE – B. FELTZ, e.a (Dir), *Darwinismes et spécificités de l'humain,* Louvain-la-Neuve, Harmattan/Academia, 2012, p. 183).

[49] P. VALADIER, *L'exception humaine,* Paris, Cerf, 2011, p. 9.

[50] *Ibid.,* p. 10.

[51] D. LECOURT, *op.cit.,* p. 47.

« Le naturalisme compris ainsi, déclare explicitement Schaeffer, n'implique en particulier nullement l'idée d'une "nature" humaine qui déterminerait l'histoire, les faits sociaux ou les représentations. Au contraire, selon l'approche naturaliste bien comprise, l'idée d'une "nature" qui déterminerait " autre chose " n'a tout simplement pas de sens : de même que la reproduction somatique est une évolution purement factuelle et immanente (il n'existe pas de téléologie génétique), la réalité sociale et culturelle d'une communauté humaine quelconque à un moment donné coïncide strictement avec les aléas de sa reproduction exosomatique, ce qui signifie qu'à chaque moment elle coïncide avec son historicité factuelle et l'éventail des causes (humaines et autres, intentionnelles et non intentionnelles) qui interagissent dans le cadre de cette historicité »[52].

En fait, une réflexion non réductionniste de la nature humaine doit pouvoir éviter un double écueil épistémologique que Pierre Gire appelle l'illusion substantialiste et l'illusion essentialiste. L'illusion substantialiste consiste à concevoir la nature humaine comme une substance particulière qui fonde les caractéristiques propres à l'espèce humaine. La difficulté d'une telle compréhension serait de savoir comment les activités proprement humaines dérivent de cette substance. Par contre, l'illusion essentialiste est la tentation qui consiste à considérer la nature humaine comme une essence toujours à venir et qui oriente les possibilités humaines dans le sens d'une idéalisation de l'être humain. Comment peut-on rationnellement accéder à cette essence à partir de notre conditionnement historique ? Ces hypothèses avaient certainement été défendues dans plusieurs traditions philosophiques et religieuses. Mais on voit mal comment

---

[52] J-M. SCHAEFFER, *op. cit.,* p. 209-210.

toutes les actions humaines pourraient se conformer en toute liberté avec elles[53].

Comme le suggèrent d'autres auteurs, dont Marshall Sahlins, le vrai problème n'est pas de savoir si la nature humaine est ceci ou cela, bonne ou mauvaise ; ce qui conduirait au biologisme[54]. La nature humaine, ou « le propre de l'homme », c'est d'être « un *devenir*, plutôt qu'un être toujours déjà là »; c'est être inventif. L'homme est innovateur en créant un ordre hiérarchique plus élevé, supra-biologique[55].

« S'il y a un " propre de l'homme", argumente à son tour Paul Valadier, sans doute le trouvons-nous là : dans la nécessité vitale de s'excepter du cours naturel des choses, de se donner les moyens de survie en les inventant ou en les recevant du groupe social qui les offre en les imposant aux nouveaux arrivants. En ce sens, l'être humain est un être de culture, non qu'il faille nier les conditions naturelles, biologiques et autres, mais parce que d'elles-mêmes elles sont insuffisantes quoique nécessaires pour assurer la survie de l'être humain. Il est " naturellement culturel" (Gehlen). La culture assume la nature, comme l'apprentissage de la langue ou des techniques du corps " assume" les conditionnements biologiques naturels sans lesquels l'enfant serait incapable d'articuler un langage

---

[53] P. GIRE, « La question de la nature humaine », in J-M., EXBRAYAT – J. FLATIN (Dir), *L'évolution biologique. Science, histoire ou philosophie ?*, Paris, J. Vrin, 1997, op.cit., p. 618.

[54] M. SAHLINS, *La nature humaine, une illusion occidentale. Réflexions sur l'histoire des concepts de hiérarchie et d'égalité, sur la sublimation de l'anarchie en Occident et essais de comparaison avec d'autres conceptions de la condition humaine,* Paris, Ed. de l'éclat, 2009, p. 106-107.

[55] P. BOSCH DE AGUILAR, « Comment le cerveau devient humain ? », in B. BOURGINE – B. FELTZ, e.a, *Darwinismes et spécificités de l'humain,* Louvain-la-Neuve, Harmattan/Academia, 2012, p. 155.

construit ou de s'alimenter correctement »[56]. C'est la preuve que l'être humain n'est pas le résultat figé de la seule expression du déterminisme génétique et des conditionnements environnementaux. Par le biais de son évolution socioculturelle, il se constitue en tant qu'individu et sujet[57].

Chez l'espèce humaine, en effet, le déterminisme biologique n'est pas absolu dans la mesure où la culture qu'elle invente apporte une touche spéciale à sa nature biologique. « Certes nous sommes en vie, mais cet "être en vie" (zoe) s'accomplit en nous selon un mode de vie (bios) comparable à aucun autre dans le règne animal »[58].

Bref, comme l'affirme encore si bien Pierre Gire, si « l'homme est unique, ainsi que le montrent les sciences, il ne s'ensuit pas pour autant qu'il ait une nature au sens où celle-ci exigerait que l'individu soit affecté d'une série ordonnée des propriétés transcendantales affranchies de tout processus d'évolution et mesurables par un savoir particulier. L'être humain demeure spécifique, non point parce qu'il transcende tous les vivants par une nature qui l'excepte du monde de la vie, mais probablement parce qu'il réunit, en sa réalité vivante, des traits originaux qui lui appartiennent en propre »[59].

4.2. L'humanisme technologique et le défi du méliorisme

Le concept de l'humanisme technologique réfère à une nouvelle vision de l'humanisme qui croit « trouver dans les techniques un point d'appui pour rendre les hommes

---

[56] P. VALADIER, *op. cit.,* p. 64.
[57] *Ibid.,* p. 156.
[58] E. BAMBINET, *L'animal que je ne suis plus,* Paris, Gallimard, 2011, p. 22.
[59] P. GIRE, *op. cit.,* p. 620.

transparents, plus rationnels, à même de remplir leurs missions s'il s'agit par exemple de collectifs de travail. Le cas échéant, il doit pousser ces collectifs à abandonner leurs vieux modes de fonctionnement fondés sur l'expérience acquise et la transmission informelle des savoir-faire ; il doit les contraindre à adopter un fonctionnement plus analytique et conforme à des procédures codifiées, se réglant sur la logique des nouveaux systèmes techniques »[60].

Force est de rappeler que depuis le XIXe siècle, l'enfant terrible de la génération scientiste, Ernest Renan, avait prédit dans son roman-fiction qu'« il viendra un jour où l'humanité ne croira plus, mais où elle saura ; un jour où elle saura le monde métaphysique et moral, comme elle sait le monde physique ; un jour où le gouvernement de l'humanité ne sera plus livré au hasard et à l'intrigue, mais à la discussion rationnelle du meilleur et des moyens les plus efficaces de l'atteindre. [...]. Si tel est le but de la science, si elle a pour objet d'enseigner à l'homme sa fin et sa loi, de lui faire saisir le vrai sens de la vie, de composer avec l'art, la poésie et la vertu, le vrai idéal qui seul donne du prix à l'existence humaine, peut-elle avoir de sérieux détracteurs ? »[61].

Au milieu du XXe siècle, l'idée d'imbriquer ou de fusionner dans l'organisme humain le naturel et le technique, afin d'aider l'homme à s'améliorer dans la dynamique de son autodétermination, se développe avec Gilbert Simondon. D'après ce philosophe renommé des objets techniques, ceux-ci doivent être reconnus, non seulement comme de simples instruments au service de l'homme, mais aussi et surtout comme des partenaires de

---

[60] X. GUCHET, *Pour un humanisme technologique. Culture, technique et société dans la philosophie de Gilbert Simondon*, Paris, PUF, 2010, p. 265.

[61] Cf. RENAN, cité par G. ROMBI, *op. cit.,*p. 69-70.

l'homme, car ils sont doués de sens en eux-mêmes pour être intégrés dans les relations humaines. Ce sont des véritables médiateurs non seulement entre les hommes, mais aussi entre les hommes et la nature[62].

Qui plus est, à en croire le même philosophe, les objets techniques sont capables de guérir l'homme moderne qui souffre d'une profonde déchirure en lui-même, causée par les dualismes traditionnels qui séparent entre l'homme intérieur (psychologique) et l'homme extérieur (social), l'intériorité et l'extériorité, le subjectif et l'objectif, le psychologique et le sociologique[63]. Ces oppositions sont autant dommageables qu'elles manifestent le déséquilibre même de la culture moderne qui « reconnaît certains objets, comme l'objet esthétique, et leur accorde droit de cité dans le monde des significations, tandis qu'elle refoule d'autres objets, et en particulier les objets techniques, dans le monde sans structure de ce qui ne possède pas de significations, mais seulement un usage, une fonction utile »[64].

Au XXIe siècle, l'idée du posthumanisme commence à se défendre. Les posthumanistes prônent l'usage des sciences et des techniques afin d'améliorer les caractéristiques physiques et mentales des êtres humains. Ils considèrent que le handicap, la souffrance, la maladie, le vieillissement ou la mort subie devraient être inutiles et indésirables. Pour ce faire, ils recourent aux biotechnologies et à d'autres techniques émergentes, afin d'enrayer ou d'en finir avec les maux de l'humanité. Miguel Benasayag écrit :

---

[62] G. SIMONDON, *Du monde des objets techniques,* Paris, Aubier, 1989, p. 10.

[63] X. GUCHET, *op.cit.,* p. 17.

[64] G. SIMONDON, *op. cit.,* p. 10.

Les savants du XXIe siècle construisent des appareils capables en principe de décider, de réfléchir, d'éprouver des affections, des affects disent leurs parents chercheurs. Ainsi la pensée, qui était traditionnellement considérée comme le monopole des humains, est désormais le fruit des processus mixtes :[...] se combinent des segments produits par des machines qui, à leur tour, s'agencent avec d'autres produits par des humains, sans qu'il soit possible de distinguer ce qui provient de ces derniers ou des artefacts[65].

A notre avis, comme le pense à juste titre Xavier Guichet, la question principale qui mérite d'être discutée au sujet de l'humanisme technologique consisterait à savoir s'il pourrait y avoir vraiment d'humanisme sérieux que celui qui attend, à travers le monde, la reconnaissance effective de l'homme par l'homme, et qu'il ne saurait donc précéder le moment où l'humanité se donne ses moyens de communication[66].

4.2.1. Les biotechnologies et la bioéthique

Le champ d'étude des biotechnologies est très vaste et très complexe. Il s'étend du consentement du malade aux soins, à la recherche sur les armes atomiques ou bactériologiques, à la protection et la promotion de la santé et de la vie humaine[67]. Depuis 1970, les sciences biologiques sont passées de la connaissance des fonctions et des jeux cellulaires à la maîtrise des mécanismes de la sexualité et de la reproduction. On note particulièrement la séparation et la recombinaison des composants d'un génome. Dans le domaine de la médecine de la procréation, le diagnostic prénatal a été réalisé et depuis

---

[65] M. BENASAYAG, *Organismes et artefacts. Vers la virtualisation du vivant ?*, Paris, Ed. La Découverte et Jean Paul Bayol, 2010, p. 8.

[66] X. GUCHET, *op. cit.*, p. 262.

[67] P. VERSPIEREN, « Morale, biologie et médecine », in *Encyclopaedia Universalis*, Paris, 1985, p. 37.

1978, l'insémination artificielle. Le procédé de fécondation in vitro d'un ovule et d'un spermatozoïde a permis que les cellules souches humaines soient, hors du corps de la mère, accessibles à la recherche et aux expérimentations génétiques[68].

Mise à part leur visée thérapeutique irrécusable, les techniques relatives à la *Procréation médicalement assistée* (PMA) touchent particulièrement les phénomènes de « mères porteuses », don de sperme et don d'ovule permettant la grossesse après la ménopause, usage « pervers » des embryons congelés au-delà des délais raisonnables. Il s'y pose des questions morales difficiles comme la possibilité pour qu'un sujet grabataire immobilisé ou même le détenu envoie, de sa cellule, à sa femme, de quoi élargir son foyer ou assurer en quelque sorte sa descendance. La technique de l'insémination artificielle avec donneur (IAD) pose aussi la question de savoir si on peut l'appliquer aux femmes célibataires, aux veuves (insémination post-mortem) et aux femmes homosexuelles, etc. Comme on le voit, ces techniques biomédicales conduisent à des pratiques qui empiètent de manière spectaculaire sur les relations inter-générationnelles et sur le rapport usuel entre la parenté sociale et la génération biologique[69].

Dans le domaine de la Médecine curative, le diagnostic préimplantatoire et l'intervention médicamenteuse ou curative posent des questions sur la valeur de l'embryon, le sens de la vie et de la mort. Le Diagnostic préimplantatoire (DPI)[70], surtout lorsqu'il n'est pas réalisé

---

[68] *ANH*, p. 30

[69] *Ibid.*

[70] La technique du DPI porte sur des « cellules » in vitro d'embryons obtenus à partir des cellules germinales d'un couple. Lorsque les embryons ont atteint le stade de 8 cellules, avant leur implantation dans l'utérus, on teste leur appareil génétique afin de déceler

pour des raisons thérapeutiques, autrement dit pour prévenir contre des maladies dégénératives de l'embryon, cette technique pose le même problème que celui de la sélection des embryons.

Quant à l'intervention médicamenteuse ou curative, ces pratiques posent la question morale de savoir si au nom du progrès scientifique ou du respect de l'être humain l'on doit laisser évoluer naturellement la maladie sans la soigner ou empêcher son évolution par un traitement ordonnancé. Peut-on considérer l'homme comme sujet ou comme objet de la recherche et des pratiques médicales ? Peut-on payer des mercenaires afin qu'ils prêtent leur concours aux vérifications bioscientifiques ? Peut-on défendre, et sur base de quels arguments moraux, l'acharnement thérapeutique et l'euthanasie[71] ?

Les plus optimistes fondent l'espoir que, moyennant des dispositions juridiques nécessaires, les biotechnologies serviront de moyens efficaces pour la libération et l'autodétermination de l'espèce humaine. On peut lire entre les lignes cet espoir dans *L'humain posthumain* de Dominique Lecourt qui écrit : « [...] Mieux : le processus de la procréation qui semblait livrer irrémédiablement les êtres humains aux aléas d'une loterie génétique souvent très cruelle apparaît en voie d'être intégralement maîtrisée. Plus généralement, les techniques de procréation médicalement assistée apportent un recours à de nombreux couples qui, pour une raison ou une autre, ne veulent pas

---

éventuellement les maladies génétiques sévères. Seuls les embryons sains devront alors être transplantés, tandis que les porteurs des anomalies devront être supprimés dès la conception. A la conclusion des malformations génétiques graves, une interruption volontaire de la grossesse (IVG) peut intervenir, surtout quand il s'avère que des aberrations chromosomiques ou des anomalies métaboliques seront pratiquement incurables (*Ibid.*, p. 31).

[71] F. DAGOGNET, *op. cit.*, p. 160-166.

s'engager dans les démarches de l'adoption, cependant que la pilule contraceptive, puis la pilule du lendemain ont apporté aux femmes, par la maîtrise de leur fécondité, une liberté procréative toute nouvelle »[72].

En plus, l'auteur espère que le clonage reproductif appliqué à l'homme pourrait constituer potentiellement une réponse appropriée à des formes (très rares) de stérilité aujourd'hui incurables, là où les autres techniques se trouvent mises en échec[73]. Pour ce faire, les obstacles culturels en la matière devraient être levés dans l'avenir, comme il en fut le cas des OGM, lesquelles techniques permettent aujourd'hui de résoudre des problèmes sérieux pour de millions de personnes dans le monde, comme en Afrique, qui meurent de la famine, à condition que l'on accroisse la vigilance et un encadrement juridique international, avec une panoplie de sanctions strictement appliquées[74].

En règle générale, dans les Etats de droit modernes, ces questions très complexes liées au développement des biotechnologies relèvent de la bioéthique et des Comités d'éthique. La bioéthique comprend l'ensemble de recherches interdisciplinaires qui évaluent sur le plan éthique l'importance quantitative et qualitative des progrès scientifiques et technologiques en biologie et en médecine. La réflexion touche précisément le sens de la vie et le prix de la santé, le droit des personnes et le respect de leur autonomie, les responsabilités individuelles et professionnelles, les décisions politiques et les grands choix sociaux, etc.[75].

---

[72] D. LECOURT, *op.cit.,* p. 21.

[73] *Ibid.*

[74] *Ibid.,* p. 25.

[75] G. BOURGEAULT, « La bioéthique : son objet, sa méthode, ses questions, ses enjeux », in Ethica, n°1 (Janvier 1989), p. 69-70.

Le principe général de la bioéthique est qu'on devrait d'une part interdire l'expérimentation directe de l'homme sur l'homme et le mettre à l'abri de tout ce qui peut l'altérer dans ses assises biologiques, même si la modification tentée vise des résultats scientifiques : on n'autoriserait que des interventions directement curatives ou à fin secourante et, d'autre part, parallèlement, il s'agit de préserver l'immense patrimoine de la vie humaine, y compris celle des animaux et des végétaux, car chaque espèce vivante constitue une innovation originale, sinon irremplaçable[76].

Les Comités d'éthique ont pour mission de « rendre compte du débat éthique public, découvrir où se situent les divergences les plus irréductibles, apprécier le poids des arguments et la profondeur des convictions exprimées, percevoir les valeurs auxquelles sont le plus attachées certaines familles de pensée, identifier les pratiques qui heurtent le plus profondément certains citoyens, bref émettre ses avis sur la validité de telle ou telle autre idée avant qu'elle ne soit pratiquée[77].

Or, malgré la bioéthique et la présence des comités d'éthique, à la faveur des options personnelles et des groupes de pression idéologique, certains arguments peuvent être justifiés comme la question de savoir pourquoi interdirait-on aux parents de choisir le sexe ou les qualités de leur progéniture parce qu'ils ont le droit de soigner leurs enfants, de les nourrir, de choisir pour eux de meilleures études et de meilleures carrières ; pourquoi tolérer des familles déséquilibrées, pourquoi ne pas aider aux différences, au croisement du masculin et du féminin, parce que la science et la technique s'y apprêtent[78] ? Le

[76] F. DAGOGNET, *op. cit.,* p. 155.
[77] P. VERSPIEREN, *art.cit.,* p. 40.
[78] F. DAGOGNET, *op. cit.,* p. 177.

cas de l'avortement montre que « ce serait un leurre de croire que le développement d'une bioéthique et la création de comités d'éthique permettront de résoudre des conflits qui ont leur source dans l'opposition radicale des options les plus profondes des différentes familles de pensée »[79].

4.2.2. L'eugénisme libéral

Selon Habermas, l'intérêt particulièrement philosophique du débat sur les biotechnologies concernerait le défi de l'hétérodétermination technologique que recèle l'eugénisme libéral. Cet intérêt ne semble pas factice d'autant plus qu'avant son œuvre majeure, à savoir la *Théorie de l'agir communicationnel,* il redoutait que l'idéologie capitaliste en vienne à légitimer dans l'avenir l'autochosification de l'espèce humaine jusqu'aux fondements biologiques de l'identité personnelle :

> *Demain des interventions biotechniques dans le système de direction endocrinien, et, mieux encore, des interventions dans la transmission génétique d'informations héréditaires, pourraient asseoir encore plus profondément le contrôle du comportement. Les anciennes zones conscientes, développées dans le cadre d'une communication par le langage usuel, seraient amenées à dépérir totalement. [...]. Mais on assisterait, dans une aliénation planifiée, au parachèvement de l'objectivation de l'homme – les hommes feraient leur histoire avec leur volonté mais pas avec leur conscience*[80].

Ce qui advient aujourd'hui, c'est que les bioingénieurs, grâce à leur génie génétique, annoncent depuis leurs laboratoires la possibilité d'améliorer la nature humaine, « de procéder à des véritables thérapies de réparation à

---

[79] P. VERSPIEREN, p., *art.cit.,* p. 40.
[80] *TP2*, p. 133-134.

même de donner la vue aux aveugles, de faire entendre les sourds ou de faire marcher les paralytiques »[81]. Tel est l'enjeu principal de l'eugénisme libéral, celui qui, selon Habermas, ne reconnait pas de frontière entre les interventions thérapeutiques et les interventions à des fins d'amélioration. Il est celui qui ouvre la voie à ce que soit accordé aux préférences individuelles des acteurs du marché le choix des finalités qui président aux interventions destinées à modifier les caractéristiques génétiques[82].

Du grec « *eu*=bien et *gennaô*=engendrer », l'eugénisme signifie le fait de « bien naître ». Théoriquement, c'est l'étude des facteurs méthodologiques et techniques susceptibles d'améliorer la race humaine, par la transformation du patrimoine génétique[83]. Ce fut en 1869 que l'anglais Francis Galton, influencé par la théorie de l'évolution de son cousin Charles Darwin, était habité par le souci de maintenir ou de préserver pour la nation anglaise les grands hommes, les surdoués. Pour ce faire, il fallait organiser des mariages exclusifs entre eux, car le mélange de ceux-ci avec ceux qui ne l'étaient pas occasionnerait la perte pour la nation des hommes intelligents et meilleurs. C'est la *viriculture,* le concept d'eugénisme étant encore absent dans le vocabulaire de Galton[84]. Quatorze ans après, en 1883, dans son *Inquiries into human faculty and its development* (*Enquêtes sur les facultés humaines*), Galton parle pour la première fois de

---

[81] M. BENASAYAG, *op. cit.,* p. 8.
[82] *ANH,* p. 35.
[83] H.WATTIAUX, « Génétique et fécondité humaine. Contraception. Stérilisation, Diagnostic prénatal. Malformations congénitales. Insémination artificielle. Fécondation *in vitro* », in *Cahiers de la Revue théologique de Louvain* n° 15 (1986), p. 23.
[84] *http://fr.wikipedia.org/wiki/Eugénisme (*Consulté le 30 Janvier 2014)

l'eugénisme (*eugenics* en anglais), c'est-à-dire « l'étude des facteurs socialement contrôlables qui peuvent élever ou abaisser les qualités raciales des générations futures, aussi bien physiquement que socialement »[85].

L'hypothèse scientifique développée par Galton consistait à penser que de la même manière que l'on sélectionne et accouple les animaux de qualité, mâle et femelle, tous deux sains, on devrait également favoriser les mariages entre les hommes et les femmes sains – scientifiques, intellectuels et bourgeois d'Angleterre – afin d'améliorer la race humaine. Deux formes d'eugénisme virent ainsi le jour, l'un négatif et l'autre positif. « L'eugénisme négatif consiste à décourager le mariage ou à prévenir la procréation des personnes qui ne sont pas reconnues saines ; il s'agit d'empêcher les tarés et porteurs des caractères jugés indésirables de procréer, au besoin, par des mesures légalisées aussi radicales que la stérilisation ou la castration. L'eugénisme positif, lui, consiste à favoriser l'union et la reproduction des couples porteurs des qualités héréditaires jugées les meilleures »[86].

Mais ce qui ne fut que théorie chez Galton sera appliqué à l'extrême dans le nazisme d'Adolf Hitler qui, pour garder pure la race allemande, découragera et interdira l'union des allemands avec les races inférieures, favorisera la fécondité des « hommes supérieurs » et préviendra la reproduction des « hommes inférieurs », socialement indésirables comme les criminels, les handicapés physiques ou mentaux, les homosexuels, les sourds et les aveugles de naissance, les alcooliques sévères etc., c'est-à-dire la race impure : les juifs, les noirs… L'avortement des femmes considérées comme supérieures était strictement interdit au risque des sanctions très

[85] H. WATTIAUX, *art. cit.*, p. 23.
[86] *Ibid.*

sévères par la loi, tandis que les femmes inférieures étaient non seulement permises, mais aussi obligées d'avorter. Les camps de concentration mis en place pour alcooliques, criminels, délinquants, asociaux divers, la stérilisation des enfants métis nés de mères allemandes et pères africains ou juifs, l'extermination des tsiganes et des juifs, etc., sont autant de stratégies politiques mises en place par Hitler afin de pratiquer l'eugénisme.

Selon Habermas, l'hypothèse de l'eugénisme libéral est moralement répugnante dans ce sens que les techniques de l'hétérodétermination constituent, en tant que telles, une intrusion dans les fondements biologiques de l'autocompréhension de la personne humaine. Certes, il revient toujours aux parents de faire de meilleurs choix pour leurs enfants. Mais la possibilité qui leur serait accordée de déterminer unilatéralement le sexe et les qualités qu'ils jugeraient utiles pour leurs enfants, comme les signes physiologiques distinctifs (la couleur des cheveux, la taille ou d'une manière générale, la « beauté »), les dispositions mentales (comme l'esprit de conciliation), les aptitudes (comme la capacité athlétique, l'endurance ou la force physique, les dons musicaux, l'intelligence ou la mémoire) [87], pourrait être considérée comme une violation de l'intangibilité de chaque être humain.

Car, celui qui conditionne de manière irréductible la capacité morale des choix existentiels pour ou contre, en fonction des contextes de vie, trahit par sa décision initiale et unilatérale le fait que celui qui décide de manipuler génétiquement l'autre se comporte idéalement vis-à-vis de lui comme son créateur et le rend dépendant de son choix. Il reste la question de savoir s'il pourrait y avoir des gens tellement intelligents, avisés et suffisamment bien placés

[87] *ANH,* p. 125-126.

pour prévoir les circonstances – et le concours des circonstances – dans lesquelles, par exemple, une mémoire éblouissante ou une grande intelligence (comme on voudra bien la définir) sera un avantage. Une bonne mémoire est souvent une bénédiction, mais pas toujours, il s'en faut de beaucoup. Ne pas pouvoir oublier peut être un fléau. Il en est de même pour une intelligence supérieure qui, bien que pour la plupart des situations constitue un avantage.

Dans une société qui valorise la concurrence, une telle intelligence pourrait avoir des inconvénients. « Comment l'individu en question interprétera-t-il et usera-t-il de cette différence – sans passion et avec souveraineté, ou au contraire une ambition sans relâche ? Comment va-t-il tirer parti dans ses rapports sociaux d'une telle faculté, qui va le faire remarquer et peut susciter la jalousie de son entourage ? »[88].

Il va sans dire que l'hétérodétermination technologique porte profondément atteinte aux fondements de l'intercompréhension de l'espèce humaine, c'est-à-dire des relations symétriques de reconnaissance et de respect mutuels. D'une part, les sujets adultes qui considéreraient l'équipement génétique qu'ils souhaitent pour leur postérité comme un produit auquel ils ont le droit de donner une forme conforme à leur fantaisie, ils exerceraient vis-à-vis de leurs enfants le rôle de « créateur ». Dans ce cas, l'héterodétermination constitue une forme d'intervention par prise de disposition qui constituerait un empiètement dans les fondements somatiques de la relation spontanée à soi et de la liberté éthique, empiètement qui, jusque-là, n'aurait pu être exercé que sur des choses et non sur des personnes. D'autre part, à l'inverse, les enfants dont le patrimoine génétique a été intentionnellement déterminé pourraient

[88] *Ibid.,* p. 126.

demander, tôt ou tard, des comptes aux fabricants de leur génome et les rendre responsables des conséquences, non désirées à leurs yeux, qu'a entraînées le point de départ organique de leur biographie[89].

> *L'argument de l'hétérodétermination tire toute sa force du seul fait que celui qui définit le profil – "le designer" – entreprend d'aiguiller, selon ses préférences personnelles, la vie et l'identité d'une autre personne sans même être en droit de supposer, serait-ce de manière contrefactuelle, l'accord de cette personne. Il empiète de cette manière sur cet espace déontologiquement protégé qui est central et essentiel à la personne future, or personne ne peut lui soustraire la capacité de vouloir résolument, un jour, prendre en main sa propre existence et mener sa vie exclusivement selon sa gouverne*[90].

Certes, on pourrait également objecter l'argument de Habermas en supposant que la personne hétérodéterminée pourrait s'accommoder à son état aussi longtemps qu'elle sera protégée par le secret concernant les conditions initiales de sa conception. L'auteur de *L'avenir de la nature humaine* ne voit pas comment dans un Etat de droit moralement garanti, on devrait refuser à l'enfant son droit fondamental de savoir la nature et les circonstances de sa venue au monde. « Suggérer qu'il puisse y avoir des interventions *que l'on tienne cachées* soulève simplement la question morale de savoir si l'on est en droit de ne pas révéler à une personne des faits essentiels de sa biographie (comme par exemple l'identité des parents). Il ne semble guère acceptable de prévenir un problème d'identité auquel est en bute un adolescent en lui occultant les conditions qui feraient naître ce problème potentiel,

---

[89] *Ibid.,* p. 26-27.
[90] *Ibid.,* p. 128.

ajoutant ainsi à la programmation elle-même une mystification sur un fait essentiel à sa vie »[91].

Il en est de même de la technique du clonage humain qui, selon François Dagognet, est la manœuvre et le fol espoir qui s'attacheraient à recopier à l'infini ceux et celles qui seront jugés des génies et d'empêcher de même la reprographie des moins doués, la folle volonté de l'individu à s'immortaliser comme le végétal inlassable qui repousse semblable à lui-même (le bouturage). La science en viendrait à servir le pathologique, c'est-à-dire le narcissisme d'un sujet qui se réitère et se perpétue sans limites[92].

L'opposition de Habermas au clonage humain repose sur le fait que cette technique biomédicale met en œuvre des rapports dissymétriques entre trois personnes au lieu de deux : un procréateur artificiel, un demandeur et un résultat final. Le procréateur artificiel se rend maître des gènes d'un autre et abolit la réciprocité fondamentale qui caractérise les rapports humains. Le demandeur narcissique se tient pour si parfait qu'il demande une copie exacte de ses propres dispositions et qualités. La personne clonée est tenue de se maintenir dans la posture analogue à celle de l'esclave, c'est-à-dire prête à faire porter sur d'autres personnes une partie de la responsabilité qu'il devrait porter lui-même. La personne qui se rendrait compte qu'elle est la duplication volontaire en découvrant que ses dispositions et ses qualités ont été intentionnellement déterminées par une personne étrangère à sa biographie, considérerait cet acte comme « usurpation et asservissement ». Et comme l'esclavage signifie juridiquement l'état d'un homme qui dispose d'un autre homme comme de sa propriété, et qu'il est inconciliable

---

[91] *Ibid.*, p. 128-129.

[92] F. DAGOGNET, *op. cit.*, p. 178.

avec les concepts des droits de l'homme et de la dignité humaine en vigueur aujourd'hui en matière de droit constitutionnel, la technique du clonage pourrait y être assimilée[93].

Bref, « Ce n'est pas la nature qui interdit le clonage, c'est nous qui devons décider (*Nicht die Natur das klonen. Wir müssen selbst entscheiden*) »[94], déclare Habermas. En d'autres termes, les questions éthico-morales très complexes suscitées par les progrès scientifiques attendent des réponses acceptables non pas de la science elle-même, mais des compromis raisonnables fondés sur des convictions et des valeurs pratiques qui rendent possibles la reconnaissance et le respect mutuel entre les sujets capables de parler et d'agir, c'est-à-dire égaux, autonomes et pleinement responsables de leur destinée sociale. Ainsi donc, qu'il s'agisse de la sélection des embryons ou de la technique du clonage humain, force est de reconnaître que les techniques biomédicales qui ne sont pas effectuées sous le mode clinicien, mais pour répondre aux impératifs du marché, recèlent une crise portant atteinte à une distinction fondamentale et constitutive de la compréhension que nous avons de nous-mêmes en tant qu'êtres d'essence générique[95].

4.3. Pour un naturalisme non réductionniste

L'argument principal de Habermas en faveur d'un naturalisme non réductionniste constitue un plaidoyer pour le respect de l'intégrité de l'Homme tel qu'il se comprend en tant que corps et esprit, en tant qu'animal naturel et

---

[93] *ET-EP,* p. 232-233.
[94] *Ibid.*, p. 237.
[95] *Ibid.*, p. 72-73.

culturel à la fois. Pour l'exprimer nettement, Habermas écrit :

> *L'image plus complexe de l'interaction entre un cerveau qui détermine l'esprit et un esprit qui programme le cerveau résulte d'une réflexion philosophique [...]. Je défendrai autrement dit un naturalisme « faible » non scientiste, selon lequel n'est en tout et pour tout « réel » que ce qui peut être présenté dans des énoncés vrais, étant entendu que la réalité ne s'épuise pas pour autant dans l'ensemble des énoncés régionalement restreints par les sciences expérimentales, selon les critères qui sont les nôtres aujourd'hui, tiennent pour vrais*[96].

D'entrée de jeu, la question se pose de savoir si Habermas ne se contredit pas vis-à-vis de son option procéduraliste de la rationalité. D'après Stéphane Haber, après ses années glorieuses (1980) marquées par la *Théorie de l'agir communicationnel*, Habermas adopte à partir des années 1999 une position naturaliste, décrivant sa position du moment comme une sorte de " naturalisme atténué ". Cela montre que dans la suite de sa carrière, « certains éléments pourraient porter témoignage d'un certain retour du refoulé naturaliste, même si, à la réflexion, ils pourraient aussi se révéler la plupart du temps occasionnels et peut-être aussi d'une portée modeste »[97].

4.3.1. Les limites du déterminisme biologique

Considérons le déterminisme biologique comme synonyme de la réduction naturaliste de la pensée et de l'agir de l'homme. Un tel déterminisme trouve sa meilleure illustration dans les recherches neurologiques de

---

[96] *ENR.*, p. 66.

[97] S. HABER, *Critique du naturalisme. Etudes sur Foucault, Bulter, Habermas*, Paris, PUF, 2006, p. 201.

Benjamin Libet. En fait, dans ses tests neurologiques, le neurophysiologiste américain demandait à des personnes préalablement sélectionnées d'effectuer un certain mouvement du doigt et d'indiquer au protocole l'instant précis où elles décidaient de ce mouvement. Il observait qu'il se mettait en place dans le cerveau, avant même que la personne testée décide d'agir, un potentiel de préparation, appelé « potentiel pré-moteur », qui précède la conscience de la décision et l'action elle-même. Il observait donc un décalage temporel entre ce qui se produit de déterminant dans les neurones et ce que l'individu estimait faire de lui-même. L'agencement du test et les contrôles expérimentaux ultérieurs permirent finalement au neurologue de déterminer un moment critique entre d'une part les processus observés préalables à l'acte dans les aires corticales et associatives, et d'autre part l'acte conscient lui-même que la personne testée s'attribue comme relevant d'elle-même.

Somme toute, Libet établit un lien causal entre les mécanismes cérébraux et l'instant précis de la décision précédant l'exécution de l'action. C'est ainsi qu'il étaya en conséquence l'hypothèse selon laquelle les actions conscientes seraient plutôt déterminées par des processus cérébraux, l'acte volontaire que l'acteur s'impute ne jouant aucun rôle causal. Des acteurs exécuteraient donc des actions mais dans des circonstances déterminées, actions auxquelles ils n'attribueraient leur propre intention en réalité que dans l'après-coup[98].

D'entrée de jeu, Habermas récuse dans cette théorie le fait que l'agencement même des tests effectués soit si sélectif, car il ne concerne qu'une partie des actions non volontaires. Le type d'actions concernées dans cette expérience n'a rien à faire avec les actions que l'on

---

[98] *ENR*, p. 67.

considère ordinairement comme libres et responsables dans ce sens qu'il n'est laissé aux acteurs que quelques fractions de seconde entre l'intention et la réalisation de leurs gestes. Les personnes soumises au test ont été instruites avant cette expérience. La mise en place du potentiel pré-moteur observé neurologiquement reflète cette phase de concentration préalable. Voilà pourquoi il n'est pas valide de généraliser les résultats de ces expériences au-delà de cette classe d'actions. Car, la création artificielle des situations décisionnelles abstraites pose sérieusement problème quant à la validité des résultats[99].

Ensuite, sur le plan critique, la véracité même des résultats obtenus par le neurologue pose sérieusement problème. Car ces tests se caractérisent par une rapidité expéditive qui ne laisse pas de liberté de réflexion aux sujets. L'agencement des tests est tellement rapide et détaché des contextes de vie habituels où les actions sont inscrites non seulement dans l'espace, mais aussi dans le temps par rapport à des fins à long ou à court terme. En cherchant à surprendre une action libre, les tests neurophysiologiques retirent artificiellement au sujet toutes les chances de son effectuation. Le sens de la vérité de ces expériences est en quelque sorte biaisé dans la mesure où les sujets expérimentés sont conditionnés par le cadre et le contexte de la recherche. Or, une vraie action pouvant prétendre à la liberté doit résulter d'un enchaînement complexe d'intentions et de réflexion, soupesant les fins et évaluant les différents moyens à la lumière des circonstances, des ressources et des obstacles.

Fort heureusement, dans la suite de ses expérimentations, Benjamin Libet en est parvenu à intégrer l'intervention du libre arbitre comme capable

---

[99] *Ibid.*

d'exercer le droit de véto face aux déterminations biologiques. Il a donc ménagé entre l'intention et l'exécution une phase de volonté libre comme fonction de contrôle des actions initiées inconsciemment, dans les cas où celles-ci entreraient en conflit avec d'autres attentes, par exemple normatives[100].

D'après Bernard Feltz, « Benjamin Libet propose une interprétation en termes de "conscience veto ". Il prend acte du fait que la décision consciente n'est pas à l'origine de l'action mais il observe que 200 ms séparent la prise de décision et l'action : le sujet dispose donc de 200 ms pour s'opposer à l'action ou pour laisser l'action aller à son effectuation. " Le libre arbitre pourrait décider de permettre que le processus aille jusqu'à son accomplissement, l'acte moteur lui-même. Que le libre arbitre pourrait bloquer ou "opposer son veto" au processus, de telle sorte que l'acte moteur ne puisse survenir". Libet juge qu'une telle fonction du libre arbitre ne serait pas illusoire : « Le libre arbitre peut favoriser activement la progression du processus volontaire vers l'action ; dans ce cas, il ne serait pas un simple observateur passif »[101].

Or, dès l'instant où l'on reconnaît l'impact déterminant du libre arbitre dans le processus de la décision, on se doit d'admettre par le fait même que des facteurs à la fois physiologiques et environnementaux, internes et externes à l'organisme, entrent en ligne de compte. Voici l'argument principal de Habermas :

> *Les agents, en permettant que leur volonté soit déterminée par ce qui est dans leurs capacités et qu'ils estiment juste, ne sont pas en dehors du monde. Ils dépendent du substrat organique de leur pouvoir-faire, de leur biographie, de leur*

---

[100] *Ibid.*, p. 72.

[101] B. FELTZ, « Plasticité neuronale et libre arbitre », *art. cit.*, p. 105-106.

caractère, de leurs capacités, de leur environnement social et culturel et, enfin et surtout, des données effectives de la situation dans laquelle ils ont à agir. [...], l'agent fait siens tous ces facteurs, si bien qu'ils ne peuvent plus influer comme des causes extérieures sur la formation de sa volonté et troubler sa liberté[102].

En dialogue instructif avec les neurosciences, cette affirmation de Habermas pourrait permettre de considérer plus ou moins trois niveaux du développement processuel de la décision. Il y a d'abord la causalité biologique et l'intentionnalité, puis la volonté et la rationalisation de l'agir, et enfin la décision libre ou pleinement responsable.

a) *La causalité biologique et l'intentionnalité.* Avec Donald Davidson, on peut affirmer en le neurophysiologiste que toute action est physiologiquement causée, c'est-à-dire mécanique : « Nous devons conclure, même si cela peut paraître surprenant, que les seules actions existantes sont les actions primitives, celles qu'on accomplit sans devoir faire autre chose comme les simples mouvements du corps ; le reste est du ressort de la nature »[103]. Toutefois, précise l'auteur, il voulait montrer par là que l'intentionnalité n'était pas la seule explication plausible des activités humaines dans la mesure où il est possible d'agir sans aucune *intention,* comme l'action de se réveiller le matin, de somnoler, de trébucher, de contracter une maladie, etc.

Mais, dans la suite de ses travaux, Davidson affirmera sans ambages que l'intentionnalité et la rationalisation sont des conditions nécessaires pour la poursuite de l'action. L'intentionnalité signifie l'attitude d'un agent orienté vers un certain type d'actions. Elle est « pro-

---

[102] *ENR*, p. 76-77.

[103] D. DAVIDSON, « L'agir », in M. NEUBERG, *Théorie de l'action. Textes majeurs de la philosophie analytique de l'action,* Liège, Ed. Mardaga, 1991, p. 205.

attitude à l'égard d'actions d'un certain type », liée aux traits de caractères constants et marquant la vie d'un individu. Ces traits et attitudes peuvent avoir la forme des désirs, des souhaits, des impulsions, des inspirations, fondés sur un large éventail de convictions morales, de principes esthétiques, de prévisions économiques, de conventions sociales, ainsi que des fins et des valeurs publiques ou privées[104]. « Pour le cas de l'agir, précise-t-il, je formulerai comme suit ma thèse : une personne est l'agent d'un événement si et seulement s'il existe une description de ce qu'elle a fait qui rend vraie une phrase disant qu'elle l'a fait intentionnellement. Cette formulation, avec sa quantification portant sur des entités linguistiques, n'est pas pleinement satisfaisante, mais pour faire mieux, il faudrait donner une analyse sémantique des énoncés portant sur des attitudes propositionnelles »[105].

b) *La volonté et la rationalisation de l'agir.* Selon Harry G. Frankfurt, la volonté, dans le processus de l'action, peut être considérée comme un « désir de second niveau ». Car il ne suffit pas pour l'homme d'avoir l'intention d'agir, encore faut-il qu'il ait aussi la volonté d'accomplir l'intention. Un individu peut avoir la ferme intention de faire X et faire autre chose si, en dépit de son intention, son désir de faire X s'est révélé plus faible ou moins efficace qu'un désir concurrent. Il revient donc à la volonté d'ajouter à l'intention la force qui conduise à l'action. La volonté est la possibilité de créer une nouvelle condition et / ou de la nier[106]. En plus de la volonté, il faut qu'il y ait suffisamment de bonnes raisons pour devoir

[104] IDEM, « Actions, raisons d'agir et causes », in M. NEUBERG, *op. cit.,* p. 62.
[105] IDEM, « L'agir », *art.cit.*, p. 208-209.
[106] H-G. FRANKFURT, « La liberté de la volonté et la notion de personne », in M. NEUBERG, *op.cit.*, p. 256.

agir ou ne pas agir. C'est le moment même de la rationalisation qui aux yeux de Habermas est déterminant :

> *Dès lors que des raisons entrent en jeu, pour ou contre une action, nous devons supposer que la position à laquelle nous voulons parvenir une fois que nous aurons soupesé les raisons n'est pas déjà préalablement fixée. Si la question de savoir comment décider n'était pas une question ouverte, nous n'aurions tout simplement pas besoin de délibérer »*[107].

D'où proviennent les raisons pour agir ou ne pas agir ? C'est une question très complexe. Toutefois, selon René Simon, on pourrait dire que les raisons s'enracinent dans l'histoire personnelle et collective. Elles sont construites par rapport au sens de l'histoire, la gloire, la justice, la haine, la vengeance, l'insécurité, la peur, l'amitié, l'esprit de solidarité, etc.[108]. Elles peuvent diversement renvoyer, selon les cas et les contextes, à des notions communément partagées et ayant trait à la valeur de l'action, à la norme, à l'obligation, à la vertu ou à la loi au sens précisément moral du terme[109].

c) *La décision.* Décider finalement ou prendre la décision, c'est assumer la responsabilité de ce que l'on doit faire ; c'est être capable de dire : « Personne d'autre que moi, quelles que soient les influences et les contraintes qui s'exercent sur moi, ne peut dire : « *je* » à ma place. Je suis l'auteur de cette action que j'ai faite dans telle intention pour tel motif. Je suis l'auteur de mes actes et, en ce sens, leur « cause »[110]. La conséquence éthico-juridique d'une telle affirmation, si inconsciente soit-elle, c'est que l'agent est la personne responsable, peu importe que ce débat interne ait lieu réellement. Et même si la plupart de

---

[107] *ENR,* p. 69.
[108] R. SIMON, *Ethique de la responsabilité*, Paris Cerf, 1993, p. 39.
[109] *Ibid.,* p. 40.
[110] *Ibid.,* p. 42.

nos actes sont posés sans délibération préalable ou par habitude, le plus important est le fait que, rétrospectivement, nous disons de l'acte de quelqu'un qu'« il aurait pu agir autrement ?»[111].

4.3.2. La place du langage et de la culture

L'impact décisif du langage dans la pensée humaine n'est plus à rechercher dans la théorie analytique de Habermas. Comme l'écrit à juste titre Bernard Feltz, dans une réflexion sur la place du langage dans la cognition, Habermas souligne la double dimension langagière et sociale de la cognition chez l'humain : « L'apprentissage du langage est clairement un processus intersubjectif. Cet apprentissage conduit à l'intégration des règles du langage mais également à l'entrée dans une dynamique intersubjective essentielle dans le processus de cognition. Pour Habermas, ce sont les interactions intersubjectives qui conduisent à la conscience d'une conscience objective »[112].

L'usage particulièrement important du langage chez l'espèce humaine fait de l'homme un être non seulement naturel, mais aussi culturel. Le concept de la culture sous-entend l'ensemble d'usages, de coutumes, de manifestations artistiques, religieuses, intellectuelles, qui définissent un groupe ou une société. C'est le système des pensées et des symboles significatifs qui orientent la vie et les actions des individus et de leur collectivité. La culture assure la vie des significations au traves des valeurs, des normes, des systèmes de représentations, des différents « arts » (entendus au sens large de « savoir-faire exigeant

---

[111] R.M. CHISHOLM, « L'agent en tant que cause », in M. NEUBERG, *op.cit.*, p. 226.

[112] B. FELTZ, « Plasticité neuronale et libre arbitre », *art. cit.*, p. 113.

une compétence particulière ») et les systèmes symboliques[113].

Et pour s'exprimer, la culture se sert du langage. A l'idée du langage humain correspondent les notions de la raison et de la conscience. La raison est la puissance de l'esprit qui éclaire l'histoire. Elle se manifeste chez l'homme par la capacité à élaborer des hypothèses jugées acceptables comme clefs d'intelligibilité, de construire des formes institutionnelles réglées par des principes jugés légitimes. La raison implique l'autoréflexion ou l'esprit critique. C'est le travail réflexif par lequel la raison se saisit progressivement d'elle-même à partir des instaurations partielles dont elle reconnaît rétrospectivement la validité et l'efficacité[114].

La conscience, quant à elle, est l'aptitude à revenir à soi-même, à se saisir en tant que soi-même dans son autoposition, bien que le grand problème en philosophie demeure celui de rendre compte de la connexion entre la composante organique de l'être humain et sa vie de conscience. Du moins, pour tout être humain, être conscient signifie selon les termes de Ladrière savoir, dans chacune des opérations comme le fait de percevoir, de se souvenir, d'anticiper son avenir, de regretter, d'espérer, de se réjouir, d'être affligé, de communiquer ses impressions, etc., que l'on sait, au moins d'un savoir implicite et sous-entendu, ce qui est en cause, quelle est la nature de sa démarche et ce qu'elle produit[115].

En effet, le langage humain comporte une double dimension : critique et éthique. C'est grâce au langage que l'on peut faire des évaluations (aspect critique), en ayant conscience des règles qui limitent le champ des conduites

---

[113] J. LADRIERE, *Les enjeux de la rationalité,* p. 73.

[114] IDEM, *L'espérance de la raison*, Leuven, Ed. Peeters, 2004, p. 240

[115] IDEM, *L'éthique dans l'univers de la rationalité,* Montréal, Ed. Fides, 1997, p. 25.

possibles (forme éthique négative) ou désignent une conduite à tenir dans des circonstances définies (forme éthique positive)[116]. Dans le même ordre d'idées, le neuroscientifique et prix Nobel américain Gerald Edelman a montré l'impact décisif du langage chez l'espèce humaine. Il distingue deux types de conscience dans tout le règne animal : d'abord la conscience primaire qui permet aux animaux d'orienter leur comportement en rapport aux stimuli de l'environnement et de l'instant présent. Cette conscience est vécue comme un « présent remémoré » et les rend capables de mémorisation, d'apprentissage et de représentation de l'environnement. Ensuite la conscience d'ordre supérieur, assimilée au langage chez l'espèce humaine. C'est par le langage que l'être humain devient capable d'une représentation complètement déconnectée des stimuli de l'instant présent, de distinguer entre le réel et l'imaginaire, entre le passé, le présent et l'avenir. L'homme est pour ainsi dire l'être « conscient d'être conscient »[117]. C'est donc grâce au langage que l'action humaine est à proprement parler intentionnelle. Possédant une intentionnalité, une mémoire et une conscience, l'être humain est capable de choisir entre plusieurs possibilités pour une même action à poser[118].

Nous devons conclure avec Charles Taylor que l'être humain est à la fois un animal naturel et un animal culturel. D'une part, la compréhension rationaliste du comportement humain au moyen d'une explication par des motifs ou des raisons doit tenir compte non seulement du

---

[116] Cf. J-P. CHANGEUX–P. RICŒUR, *Ce qui nous fait penser. La nature et la règle*, Paris, Odile-Jacob, 2000, p. 230.

[117] G. EDELMAN, cité par B. FELTZ, « L'inné et l'acquis dans les neurosciences contemporaines », in *Revue philosophique de Louvain,* t.98, n°4 (2000), p. 715-716.

[118] *Ibid.,* p. 717.

fait que son comportement peut varier considérablement à la lumière des différences existant entre les cultures humaines, mais aussi des affects, c'est-à-dire de la manière dont les uns et les autres se comprennent en tant que tels et veulent construire leur vie. Il n'en va pas autrement pour une approche neurophysiologique mécaniste qui devra également tenir compte non seulement de la manière dont les déterminations biologiques conditionnent les comportements, mais aussi savoir comment les agents se comprennent eux-mêmes. Sinon la théorie neurophysiologique devrait être assez riche pour exprimer les distinctions majeures des diverses cultures humaines. Un raccourci neurophysiologique laissant de côté les différences culturelles transformerait en non-sens une grande partie des descriptions que les êtres humains utilisent pour parler d'eux-mêmes[119].

[119] C. TAYLOR, « Comment concevoir le mécanisme ? », in M. NEUBERG, *op.cit.*, p. 193.

CHAPITRE 5

La coopérativité comme facteur de l'autodétermination

Enjeux existentiels

« Etre déterminé est un soutènement constitutif de l'autodétermination »[1], affirme Habermas dans son plaidoyer pour un naturalisme atténué et un déterminisme faible. Du coup, la problématique de l'émancipation déborde les limites du formalisme moral, justifié conformément au tournant pragmatique du langage et aux présuppositions cognitivistes de la pensée postmétaphysique. Quelles sont les conditions de possibilité à la fois idéales et réalistes de l'autodétermination individuelle et collective ? De fait, entrent en ligne de compte de cette question non seulement les principes rationnellement fondés de l'action qui soit juste, mais aussi les idéaux universellement valables qui promeuvent le bien-être de la personne et de toute la société. Et c'est dans cette perspective intégrante de l'autodétermination que nous nous proposons de montrer la fécondité et l'espoir existentiels de la coopérativité, plus que le principe

---

[1] *ENR*, p. 75.

formaliste de la discussion, surtout si nous nous plaçons du point de vue de l'autocompréhension générale de l'espèce humaine (*Gattungsethik*).

Dans un premier temps, nous mettrons en exergue le caractère irréductiblement complexe et abyssal du monde vécu humain (1). Ensuite, nous chercherons à comprendre pourquoi Habermas est-il revenu en charge de la visée du bien-être dans toute action humaine (2). Enfin, nous esquisserons le sens et les présuppositions générales du principe de la coopération raisonnable (3).

5.1. La complexité de la nature humaine

Edgar Morin dit ceci au sujet de la complexité humaine : « Etre vivant, animal, vertébré, mammifère, primate, hominien qui est aussi quelque chose d'autre, et ce quelque chose, nommé *homo sapiens*, échappe, non seulement à une définition simple, mais aussi à une définition complexe. Car il ne s'agit pas seulement de concevoir que l'être de l'homme s'exprime à travers et par son affectivité, il faut concevoir aussi que la folie est un problème central de l'homme, et non seulement son excès et son déchet »[2]. Nous avons déjà eu l'occasion de récuser un double malentendu substantialiste et essentialiste relatif à l'idée de la nature humaine. Par ailleurs, ce que nous aimerions souligner sous ce point, c'est que l'être humain est tellement complexe qu'il ne serait pas valable de réduire les fondements de son action à telles ou telles autres normes jugées rationnellement fondées. Et pour une telle démonstration, il suffirait d'évoquer la récurrence de la conflictualité et de la violence dans les sociétés

---

[2] E. MORIN, *Le paradigme perdu : la nature humaine,* Paris, Seuil, 1973.p, 163-164.

contemporaines d'une part, et la profondeur abyssale du monde vécu humain d'autre part.

5.1.1. La récurrence du conflit et de la violence dans le monde

En dépit des Constitutions démocratiques et de la morale universelle des Droits de l'homme, force est de constater que les hommes ne cessent de se faire la violence. La morale rationaliste suffit-elle pour fonder universellement le projet moderne de l'émancipation ? C'est l'enjeu du débat qui avait opposé, en janvier 2004, Habermas, philosophe de la sécularisation et de l'Etat de droit démocratique, au Cardinal Joseph Ratzinger, théologien de l'orthodoxie catholique et du droit naturel. Ce débat peut nous éclairer sur les fondements universels de l'autodétermination.

La réflexion du Cardinal Joseph Ratzinger, qui sera élu Pape Benoît XVI en avril de la même année, avait porté sur « Ce qui tient le monde ensemble. Les fondements moraux prépolitiques d'une société libérale ». Pour le théologien catholique, la société mondiale, malgré l'adhésion à la morale universaliste des droits de l'homme, est malgré tout parsemée des germes de violence. Nonobstant la sécularisation par laquelle les principes moraux ont été rationalisés, les sociétés modernes sont marquées par l'accélération des évolutions et de la violence, et ce depuis l'épouvante bombe atomique.

Deux facteurs semblent marquer ces évolutions : d'une part, l'unification mondiale ou l'interculturalité, et, d'autre part, la violence ou l'accroissement de la capacité de l'homme à détruire. D'un côté se constitue une société mondiale où les puissances singulières – politiques, économiques, culturelles – sont de plus en plus concernées les unes par les autres, où leurs divers espaces vécus se touchent et s'interpénètrent mutuellement. La globalisation du monde constitue certes un réel phénomène de rapprochement des cultures, de développement des échanges entre les cultures apparemment antagonistes qui n'élimine pas les particularismes culturels, mais permet une certaine unification pacifique des peuples et des cultures. L'unité y est perçue et recherchée comme valeur principale. Néanmoins, la globalisation du monde s'accompagne aussi du développement des possibilités de l'homme, d'une puissance de faire et de détruire qui pose, bien au-delà de ce à quoi on était accoutumé, la question du contrôle juridique et éthique de la puissance[3].

En dépit de ses bénéfices économico-technologiques, le phénomène de la mondialisation ne manque pas de favoriser la formation de nouvelles formes de violence qui théoriquement sont endiguées par le droit positif et démocratique. Après la bombe atomique, invention de la science occidentale, les citoyens modernes vivent de la peur et du terrorisme au quotidien, allusion faite à Al-Qaïda et aux attentats du 11 sept 2001 :

> *(Le terrorisme) est capable de frapper efficacement partout. Et l'humanité, nous le voyons désormais, n'a nul besoin de la grande guerre pour rendre le monde invivable. Les forces anonymes de la terreur qui peuvent sévir partout sont assez puissantes pour opprimer tous les hommes jusque dans leur vie quotidienne ; surgit ainsi le spectre d'éléments criminels capables d'accéder aux grands potentiels de destruction pour livrer le monde ainsi au chaos sans toucher à l'ordre politique*[4].

---

[3] Cf. J. RATZINGER, « Ce qui tient le monde ensemble. Les fondements moraux prépolitiques d'une société libérale », in *RR*, p. 63-64.

[4] *Ibid.*, p. 70.

Le comble du cynisme, c'est qu'au nom de la religion, les hommes et les femmes croyants évoquent Dieu et sa volonté pour justifier la guerre et la mort des innocents. « Ce qui est effrayant en l'occurrence, c'est que pour une part le terrorisme se donne des légitimations morales. Les messages de Ben Laden présentent le terrorisme comme la réponse des peuples impuissants et opprimés à la superbe des puissants, comme la punition méritée de leurs prétentions, de leur autocélébration et de leur barbarie qui offense Dieu »[5].

Plus que la violence physique, une autre forme de violence est en train de voir le jour avec le développement de la technologie génétique. « L'homme est désormais capable de faire des hommes, de les produire pour ainsi dire dans l'éprouvette. L'homme devient un produit, et, du fait même, le rapport de l'homme à lui-même se modifie de fond en comble. Il n'est plus un don de la nature ou du Dieu créateur, il est son propre produit. L'homme a exploré le puits qui est à l'origine de sa puissance, les sources de sa propre existence. La tentation de se mettre enfin à construire l'homme véritable, la tentation de faire des expériences sur les hommes, la tentation de regarder les hommes comme des déchets et de les écarter - tout cela n'est pas une chimère née dans le cerveau de chercheurs opposés au progrès »[6].

Pour illustrer sa thèse, le Cardinal passe en revue les quatre aires culturelles mondiales, marquées chacune à sa façon et entre elles par des formes de violence :

a) *l'aire culturelle occidentale*, acquise à la démocratie libérale, elle est dominée par la sécularisation des modes

---

[5] *Ibid.*, p. 70-71.

[6] *Ibid.*, p. 72.

de penser et d'agir, en lutte et en opposition contre les dogmatismes religieux et métaphysiques[7] ;

b) *l'aire culturelle islamique* est marquée par des tensions qui frisent l'absolutisme : « [...], de Ben Laden et son absolutisme fanatique aux attitudes ouvertes à une rationalité tolérante se déploie un large spectre de comportements »[8] ;

c) *l'aire culturelle indienne*, où l'hindouisme et le bouddhisme sont dominants, se trouve traversée également par des tensions, même si elles se manifestent de manière moins dramatique. Il s'agit entre autres des défis liés à la rationalité occidentale et aux questionnements de la foi chrétienne que ces cultures assimilent l'une et l'autre selon des modalités diverses tout en cherchant à préserver leur propre identité ;

d) *les cultures indigènes d'Afrique comme celles d'Amérique latine.* Elles se présentent dans une large mesure comme une remise en question de la rationalité occidentale et de la prétention à l'universalité présente dans la révélation chrétienne[9].

De ce qui précède, le théologien catholique remet en question l'exclusivité des principes formels de la morale universaliste de la raison. Car d'après lui, toute théorie morale émancipatrice se devrait de présupposer qu'il y a des valeurs tenant par elles-mêmes, issues de l'essence de l'humain et donc inviolables par tous ceux qui possèdent cette essence, quitte à compléter le droit naturel[10] par des

---

[7] *Ibid.*, p. 79.

[8] *Ibid.*, p. 80.

[9] *Ibid.*, p. 79-80.

[10] « Le droit naturel est ce que la nature enseigne à tous les êtres vivants ». Depuis le Moyen-Age, l'Eglise Catholique fonde son Droit Canonique sur le Décret de Gratien qui stipule que le genre humain est gouverné par deux choses : le droit naturel évidemment, et les coutumes. Le droit naturel est ce qui est contenu dans la loi de

devoirs explicitement formulés en vue de résoudre les questions précises qui se posent à la vie humaine en société[11]. Donc, pour être raisonnable, la morale formelle des droits de l'homme devrait être complétée par la morale fondamentale des valeurs et des devoirs de l'homme.

> *Comme élément ultime du droit naturel, qui voulait être au plus profond un droit raisonnable – en tout cas dans les Temps modernes –, sont restés en place les droits de l'homme. Ils sont incompréhensibles sans le présupposé que l'homme en tant qu'homme, de par sa simple appartenance à l'espèce « homme », est sujet de droits, que son être lui-même porte en soi des valeurs et des normes – qu'il s'agit de découvrir et non d'inventer. [...], et voilà qui pourrait malgré tout aider à renouveler la question de savoir s'il ne pourrait y avoir une raison de la nature et donc un droit raisonnable pour l'homme et sa présence dans le monde. Pour les chrétiens, ils auraient affaire à la création et au Créateur*[12].

Bref, pour le futur pape Benoît XVI, le formalisme de la morale universaliste de la raison est très limité pour pouvoir fonder valablement le projet humain de l'émancipation. « En tout cas, fait-il constater par rapport au rationalisme occidental, c'est un fait que notre rationalité séculière, si forte soit sa clarté pour une raison formée en Occident, ne va pas de soi pour toute *ratio*, et que dans ses tentatives pour devenir évidente, elle se heurte à des limites. Son évidence est *de facto* liée à certains contextes culturels : elle doit reconnaître qu'elle n'est pas compréhensible pour toute l'humanité et que par conséquent elle ne peut devenir totalement opératoire pour

---

l'Evangile, où il est ordonné à chacun de nous de faire à l'autre ce que nous voudrions qu'il nous fasse et où il est interdit de faire à l'autre ce que nous ne voudrions pas qu'il nous fasse » (Cf. note 1, *Ibid.*, p. 77)

[11] *Ibid.*, p. 68.

[12] *Ibid.*, p. 77-78.

elle. En d'autres termes, la formule universelle ou rationnelle, ou éthique, ou religieuse, sur laquelle toutes les cultures mondiales se réuniraient et qui pourrait subsumer l'ensemble, n'existe pas. C'est pourquoi aussi le soi-disant éthos mondial reste une abstraction »[13].

Quant à Jürgen Habermas, dans son intervention intitulée « Des fondements prépolitiques pour l'Etat de droit démocratique ? », il commence par réitérer sa prémisse philosophique de la morale postmétaphysique selon laquelle la Constitution de l'Etat de droit libéral est suffisamment capable de revendiquer par elle-même ses besoins de légitimation, donc à partir des contenus cognitifs d'un système d'argumentation autonome par rapport aux traditions religieuses et métaphysiques[14]. Aussi admet-il en même temps que dans les faits cette prémisse théorique se trouve tellement contredite par la puissance des forces du marché financier qu'elles désillusionnent les citoyens sur tout espoir de l'émancipation. Ecoutons Habermas :

> *Les marchés qui, bien entendu, ne sauraient être démocratisés comme des administrations publiques, fonctionnent de plus en plus comme les vecteurs qui orientent des secteurs de la vie jusqu'à présent tenus ensemble par des normes, que ce soit politiquement ou à travers des formes pré-politiques de la communication*[15].

En tout cas, selon le constat de Habermas, du seul fait que le processus moderne de la sécularisation de la société se trouve en train de « dérailler » par la puissance des forces du marché économique et financier, les ressources de la justice et de la solidarité deviennent dans leur

---

[13] *Ibid.,* p. 81

[14] Cfr. J. HABERMAS, « Des fondements prépolitiques pour l'Etat de droit démocratique », in *RR,* p. 41.

[15] *Ibid.,* p. 46-47.

ensemble défaillantes[16]. L'équilibre jadis apporté par la modernité entre les trois grands médiums de l'intégration sociale, les *valeurs*, les *normes* et le *langage* orienté vers l'entente mutuelle, devient instable du fait que les marchés et la puissance de l'administration refoulent de plus en plus hors des mondes vécus la solidarité sociale[17]. Découragés, les citoyens vont à la recherche d'autres voies d'existence sensée dans les nouvelles formes de religiosité, comme dans le renouveau spirituel inattendu et le rôle politique inquiétant joué par des communautés religieuses, abstraction faite du nationalisme hindou, l'islam et le christianisme comme sources principales d'inquiétude planétaire[18]. Ce découragement entraîne non pas la fin du processus de la sécularisation sociale, mais le basculement de la société séculière vers la *société postséculière*, « celle qui postule la persistance des communautés religieuses dans un environnement qui continue à se séculariser »[19].

Deux phénomènes caractérisent pour ainsi dire la société postséculière : d'un côté, les institutions sociales ont été soumises à un profond et lent processus de rationalisation : la sphère publique a été laïcisée, Dieu, la religion, ne sont plus des références susceptibles de justifier les décisions politiques et juridiques, ni de fonder les discours scientifiques ; d'un autre côté, la foi religieuse n'en continue pas moins d'imprégner fortement la vie sociale de sorte que le processus de sécularisation reste inachevé[20].

---

[16] *Ibid.*, p. 35.
[17] *Ibid.*, p. 54-55.
[18] J. HABERMAS, « Une conscience de ce qui manque. Les liens de la foi et de la religion », in *Esprit* (2007), p. 10.
[19] *ANH,* p. 151.
[20] A. DUPEYRIX, *Comprendre Habermas,* Paris, Armand Colin, 2009. p. 184.

Dans cette nouvelle dynamique de la société postséculière, Habermas pense qu'en lieu et place d'une refondation hypothétique de la société sur une référence religieuse transcendante afin de sortir de l'impasse une modernité contrariée, il s'agirait plutôt d'une question empirique et ouverte, nécessitant d'initier au plus fort des crises un dialogue instructif entre la raison et la foi, entre la philosophie et la théologie, restant saufs les principes universels de l'entente qui, eux, sont d'un niveau d'exigence plus élevé que ceux qui s'appliquent au rôle de citoyens dans des sociétés où ils sont les destinataires du droit[21].

5.1.2. La profondeur abyssale du monde vécu humain

Le projet de Habermas qui avait consisté initialement à assimiler le monde vécu à la conscience collective était trop cher à payer. Le philosophe du procéduralisme voulait assimiler le monde vécu aux contenus cognitifs de la conscience collective, transmis par la culture et organisés dans le langage. Comprenons d'entrée de jeu que l'intention polémique du philosophe du langage était de récuser l'approche herméneutique du monde vécu selon Edmund Husserl. Pour ce faire, Habermas distingue entre la société comme système et la société comme monde vécu, mais en commençant par la triple catégorisation épistémologique entre les trois mondes possibles de l'homme : le monde objectif qu'étudient les sciences expérimentales, le monde social qui est le domaine des sciences humaines, et le monde vécu dont s'occupent les sciences critiques et l'herméneutique.

[21] *RL*, p. 48-49.

(1) *Le monde objectif* est constitué des entités physiques, observables ; il est notre horizon commun et déterminé[22], à partir duquel sont rendues plausibles les prétentions à la validité sous la forme des présuppositions pragmatiques et sémantiques. Le champ de connaissance auquel on accède ici est celui des savoirs de premier-plan, un type de savoir qui n'est point absolu parce qu'il donne à chaque contexte d'action « un caractère temporaire, une limite qui peut constamment être franchie, un *horizon* qui se déplace en fonction de la place où l'on est et qui peut, si l'on se meut dans un paysage accidenté, se dilater ou se rétrécir »[23]. Mais dans la vie quotidienne, ce qui arrive c'est que les acteurs insèrent tellement *leur contexte de renvoi* dans la situation que ce contexte devient élément de la situation et perd de ce fait sa trivialité et sa solidité incontestée[24].

(2) *Le monde social* est l'ensemble de relations interpersonnelles, fondées sur des règles légitimes que les certitudes du monde vécu rendent justes. Le champ de connaissances auquel on accède ici est celui du savoir contextuel. La justesse normative en est le critère de validité, en fonction d'un certain nombre de thèmes déterminés, et qu'un locuteur peut présupposer dans le cadre d'une langue commune, d'une même culture, d'une formation scolaire analogue, etc., et donc dans le cadre d'un milieu commun ou d'un horizon d'expériences vécues communes. Car c'est à la lumière d'un contexte donné, relatif implicitement à certains contextes d'objets, que ce qu'un locuteur dit à propos d'un thème déterminé peut paraître au regard de ses interlocuteurs comme trivial

[22] *PP-EP,* p. 90.
[23] *TAC2,* p. 136.
[24] *Ibid.*

ou surprenant, instructif ou peu crédible. Selon les besoins, il est possible de mobiliser, à partir de ce contexte co-actualisé, des informations et des raisons à invoquer. Le savoir contextuel est chaque fois susceptible d'autres questions et d'autres objections dans les milieux différents. Ce type de savoir non thématisé est exposé à la problématisation, il suffit qu'une légère modification affecte, soit l'horizon de la situation, soit le thème[25].

(3) *Le monde vécu* est structuré de trois composantes : la culture, la société et la personnalité. La *culture* est la réserve de savoirs où les participants de la communication puisent des interprétations quand ils s'entendent sur une réalité quelconque dans le monde. La *société*, au sens de la République, est l'ensemble des ordres légitimes à travers lesquels les participants de la communication règlent leur appartenance à des groupes sociaux et assurent ainsi une solidarité. La *personnalité* comprend l'ensemble de compétences qui rendent un sujet capable de parole et d'action, donc le mettent en mesure de participer à des procès d'intercompréhension et d'y affirmer sa propre identité[26].

Ainsi donc, la société comme système est le milieu où sont institutionnalisées ces trois composantes du monde vécu :

a) *la culture* est institutionnalisée comme l'ensemble de savoirs dans des formes symboliques, objets d'usage et technologies, mots et théories, livres et documents, tout autant que dans des actions ;

b) *la société* est institutionnalisée dans des ordres publics, dans des normes juridiques ou dans ces

---

[25] *PP-EP,* p. 90-91.
[26] *TAC2,* p. 152.

enchevêtrements que forment les pratiques et les usages régulés par des normes ;

c) les structures de *la personnalité* sont incarnées dans le substrat constitué par des organismes humains. Toutes ces structures du monde vécu ne forment pas des environnements systémiques différents les uns pour les autres, mais au contraire elles sont entrecroisées les unes avec les autres, dans leur incarnation et manifestation dans le langage en tant que médium commun de l'inter-compréhension sociale[27].

En fait, Habermas définit pragmatiquement le monde vécu comme « un réservoir d'évidences ou de convictions intactes, où les participants à la communication puisent pour procéder à des interprétations destinées à la coopération. Mais des éléments particuliers, certaines *évidences*, sont mobilisés *sous forme de savoir consenti et problématique en même temps* seulement lorsqu'ils deviennent *pertinents pour une situation* »[28]. Il explique davantage :

> *Les efforts explicitement entrepris par les sujets de l'agir communicationnel se déroulent à l'intérieur d'un horizon des convictions non problématiques qui leur sont communes ; l'inquiétude suscitée à la fois par l'expérience et par la critique se brise au contact d'un rocher apparemment large et inébranlable, émergeant des profondeurs et constitué par des modèles d'interprétation, de loyautés et de capacités, sur lesquels il existe un consensus*[29].

Pour les hommes, le monde vécu est un monde stable et immunisé en grande partie contre la pression des expériences qui sont les sources de contingence et de

[27] *PP-EP,* p. 99.
[28] *TAC2,* p. 137.
[29] *Ibid,* p. 86.

problématisation[30]. C'est leur horizon commun des savoirs et des normes dont les interlocuteurs puisent pour agir et se faire comprendre dans le monde. Ses contenus sont institutionnalisés sous forme des normes morales et juridiques communes. Dans ce sens, le monde vécu forme une couche profonde de savoir non thématisé, dans laquelle aussi bien le savoir relatif à un horizon déterminé que le savoir contextuel, plongent leurs racines. C'est donc un autre type de monde plus stable et vis-à-vis duquel il n'est pas possible de présupposer une conscience intentionnelle, mais la sincérité du locuteur devant un public[31]. En d'autres termes, le monde vécu est assimilé à « la conscience collective », dans le sens où l'emploie le sociologue Durkheim, c'est-à-dire le contexte général commun des interlocuteurs, détaché des concepts de la vie quotidienne ; c'est l'horizon d'où se détache l'enquête sur les fonctions qu'assume l'agir communicationnel[32].

Dans cette perspective de la pragmatique universelle, Habermas espérait pouvoir accéder cognitivement aux contenus du monde vécu, très précisément par la voie de l'argumentation au lieu de l'intentionnalité selon Husserl :

> *Si nous abandonnons maintenant les principes de la philosophie de la conscience, avec lesquels Husserl traite la problématique du monde vécu, nous pouvons penser le monde vécu comme représenté à travers un ensemble de modèles d'interprétation, transmis par la culture et organisés dans le langage. [...] On peut, bien au contraire, voir dans les contextes de renvois les connexions de signification qui existent entre une énonciation communicationnelle donnée, le contexte immédiat et l'horizon de signification qu'elle connote. Les* contextes de renvois *remontent aux relations,* soumises à des règles

[30] *EP,* p. 91.
[31] *TAC2,* p. 132-133.
[32] *Ibid.,* p. 132.

grammaticales, *entre éléments de savoir organisé par le langage*[33].

Par ailleurs, pour trois raisons évidentes, Habermas admet la complexité même du monde vécu : premièrement, parce que le savoir d'arrière-plan sur lequel ce monde est fondé est un savoir implicite qui ne peut, en définitive, être présenté dans beaucoup de propositions ; deuxièmement, parce que c'est un savoir de structure holiste, dont les éléments renvoient les uns aux autres ; troisièmement, parce que c'est un savoir dont nous ne disposons pas à discrétion, dans la mesure où nous ne pouvons à volonté le rendre conscient et le mettre en doute[34].

Finalement, la complexité du monde vécu ne s'explique-t-elle du seul fait que les êtres humains ne sont pas à réduire à des machines cognitives ? Il semble que c'est la raison même pour laquelle il est très difficile d'abandonner la Thèse de l'exception humaine. Jean-Marie Schaeffer le reconnaît dans ce sens qu'il n'est pas pertinent de vouloir mesurer l'acceptabilité des visions du monde en termes de justesse ou de fausseté[35]. Car, lorsque la vision du monde ou la croyance est stabilisée, elle finit par être considérée comme une évidence. « [...] l'approche naturaliste doit aussi être à même de comprendre la Thèse dans sa réalité propre, c'est-à-dire, abstraction faite de sa valeur cognitive, dans sa fonction effective de représentation collective partagée »[36].

[33] *Ibid.*, p. 137.
[34] *TAC1*, p. 344.
[35] J-M., SCHAEFFER, *op. cit.*, p. 365
[36] *Ibid.*, 19.

5.2. Le retour à la question éthique du bien

> *La science et la technique ayant accru notre espace de liberté au prix d'une désocialisation ou d'un désenchantement de la nature externe, il semblerait qu'il faille donc mettre un arrêt à cette tendance irrépréhensible en instituant des tabous artificiels, et donc en « réenchantant » la nature humaine*[37].

Aussi surprenante que puisse paraître cette hypothèse de Habermas, elle traduit la conscience de ce qui manque dans l'option formaliste et abstentionniste de l'approche strictement déontologique de la morale rationnelle. Il en est de même de l'approche strictement naturaliste. Alors que le neurobiologiste français Jean-Pierre Changeux espérait en l'avenir de l'Homme neuronal, force est de constater sa quasi-déception d'autant plus que l'environnement socio-culturel ne cesse d'impacter aussi considérablement sur les prédispositions naturelles de la socialisation. Le neurobiologiste écrit :

> *Nous vivons dans un monde où la multiplicité et la diversité des cultures, des philosophies et des croyances religieuses semblent obscurcir la vision optimiste et harmonieuse d'une humanité en paix. L'empreinte épigénétique précoce et « autoritaire » du cerveau de l'enfant par les conventions de la communauté culturelle dans laquelle il vit rend, de manière surprenante, le sentiment culturel [...]. En l'absence de choix rationnel, les émotions qui s'y rattachent sont très fortes et sujettes à réactions violentes*[38].

Dans cette perspective, Jean-Pierre Changeux récuse toute autre alternative d'une morale universelle qui serait imposée par quelques-uns au reste de l'humanité compte tenu de la menace totalitaire et de l'atteinte aux libertés individuelles qu'elle représente. « Sauf si, précise-t-il,

---

[37] *ANH,* p. 43.

[38] J-P. CHANGEUX, *Du vrai, du beau, du bien,* p. 100-101.

avec Rawls ou Habermas, nous nous efforçons de penser l'éthique non plus en termes de *communauté culturelle particulière*, mais de *théorie de la société* concernant l'espèce dans son ensemble »[39].

Ces deux réflexions confirment la thèse de René Simon selon laquelle après une période plus ou moins longue de relatif effacement ou, au contraire, de possession tranquille des codes normatifs, l'on assiste actuellement à un certain retour de la question éthique fondamentale non seulement dans le chef des citoyens et des chercheurs, mais aussi dans les préoccupations des acteurs sociaux qui ont entre leurs mains le destin de l'humanité[40].

De l'avis de Michel Maffesoli, l'idée d'un nécessaire réenchantement du monde actuel résulte de l'inflation et de la confrontation des doctrines morales. D'un côté, ce sont des éthiques particulières, en tant qu'elles défendent les valeurs spécifiquement partagées, au-delà ou en deçà des universaux comme l'Humanité, la Classe, le Parti, la Race, le Marché, dont le fondement est rationnel, tout en mettant l'accent, pour le meilleur et pour le pire, sur le partage des valeurs spécifiques, et sur le sentiment d'appartenance que cela ne manque pas d'induire. D'un autre côté, il y a les déontologies, « ce qui est tributaire des situations », elles traduisent l'idée que le lien social s'élabore à partir des moments vécus ensemble, ce qui sous-entend que le salut n'est plus vécu dans un Paradis (céleste ou terrestre) lointain, mais ici et maintenant, en un instant éternel. Tout est en mouvement, ponctuel, éphémère[41]. Ainsi, le monde actuel se trouve devant le vrai défi d'articuler ces théories morales en opposition : « Démarche herméneutique, phénoménologique s'inscri-

---

[39] *Ibid.*

[40] Cf. R. SIMON, *op. cit.*, p. 7

[41] M. MAFFESOLI, *Le réenchantement du monde. Une éthique pour notre temps*, Paris, Perrin, 2009, p. 21.

vant dans un relativisme généralisé, capable de voir et de penser tout à la fois la décomposition du monde moderne et de sa morale universelle, et l'émergence d'un autre, beaucoup plus fragmentaire, fait d'éthiques juxtaposées. C'est cette complexité vivante qui est le défi auquel on est confronté »[42].

5.2.1. Les limites du formalisme moral

Contentons-nous de voir comment Habermas en est venu à rendre compte des limites mêmes de l'approche strictement formaliste de la morale universaliste de la raison, celle qui proclame « le primat du juste sur le bien ». En Allemagne, il est interrogé par le Journal *Die Zeit* sur la question de savoir si dans l'éthique de la discussion qu'il incarne il n'avait pas commis l'erreur d'infliger une retenue à la philosophie, se tenant à distance des questions substantielles touchant à la vie bonne ou à la vie heureuse afin de se concentrer uniquement sur les questions de justice et sur les aspects formels du pouvoir-être-soi-même. Habermas répond en évoquant le fait que la mise en question de l'autocompréhension de l'espèce humaine, comme présupposition fondamentale de toute théorie morale, nécessite immanquablement de dire ce que signifie universellement être un Homme :

> *Il est vrai que le défi de l'eugénisme nous force à poser la question éthique fondamentale – qui sommes-nous et qui voulons-nous être ? – à un autre niveau, disons de l'universalité anthropologique. Compte tenu de la possibilité d'automanipulation, il nous faut dire comment nous voulons nous comprendre comme des "êtres génériques"*[43].

---

[42] *Ibid.,* p. 20.
[43] *ET-EP,* p. 263-264.

A Paris, Alain Renaut fera également remarquer au défenseur de l'éthique formaliste de la discussion le paradoxe de sa théorie morale : d'un côté l'éthique de la discussion vise l'émancipation du sujet responsable de ses actes, ce qui est d'ailleurs au cœur de sa pensée, mais d'un autre côté, elle s'abstient de penser le bien du sujet pris en lui-même, à cause du soi-disant primat du juste sur le bien[44].

Habermas réagit en précisant que c'est seulement dans un contexte culturel non problématique où l'idée du bien-être de chacun est assumée par tous que les présuppositions pragmatiques de l'argumentation acquièrent la même valeur normative que la visée du bien-être de chacun. Au cas contraire, et telle la situation problématique de l'eugénisme libéral, la théorie morale postmétaphysique ne peut pas s'empêcher d'affirmer l'irréductibilité du bien-être de la personne humaine. Habermas répondit :

> *Il est bien évident, répondit-il, que la conscience de soi et la capacité que nous avons à adopter une attitude réflexive vis-à-vis de nos propres croyances, désirs, orientations axiologiques et principes, voire même à l'égard de notre propre projet de vie dans son ensemble, constituent des exigences nécessaires à la discussion publique. Une exigence me semble être, toutefois, d'égale importance : les participants à une discussion, [...] doivent se tenir prêts à satisfaire aux attentes de coopération qui se font jour dans la recherche du type de raisons qui sont également acceptables pour les autres ; ils doivent, en outre, ne se laisser affecter et motiver dans leurs prises de position que par ces seules raisons*[45].

---

[44] *EDQV*, p. 12-13.

[45] *Ibid.*, p. 23-24.

Au travers de ces réponses, nous percevons très clairement combien le souci de soi, la visée du bien-être du sujet moral, présuppose aussi la conception morale de Habermas. Néanmoins, sa proclamation unilatérale du changement de paradigme le rend victime de sa propre stratégie. Comme le dirait non sans raison Dominique Lecourt, opposé au transcendantalisme de la philosophie de la conscience de Kant, Habermas s'est trouvé finalement désarmé pour affronter les enjeux éthiques de ce qu'il appelle l'eugénisme libéral. Or pour lui, comme on le sait, après le tournant pragmatique du langage, point de religion nécessaire, ni moins de Dieu législateur à l'horizon, mais la communauté des citoyens, convertis maintenant en membres d'une "espèce" en état de dialogue, sinon de consensus[46]. Stéphane Haber avance plutôt cette intéressante hypothèse selon laquelle Habermas s'est rendu compte dans la suite de sa carrière que les raisons évoquées pour le changement de paradigme n'étaient pas toutes aussi contraignantes[47].

Voici très clairement de quelle façon Habermas réalise l'autocritique de son approche formaliste de la morale jusqu'au point où, à cause de la remise en question de la conscience universelle de liberté et de responsabilité par les biosciences et les biotechnologies, il faille nécessairement affirmer la visée de la réalisation de soi comme condition de possibilité indubitable de toute vie morale. De prime abord, il part du fait que les approches déontologiques de la morale considèrent qu'en matière des questions relatives à la vie bonne, la vie qu'il faut mener, « *das richtige Leben,* en allemand ; *the right kind of live,* en anglais », la « société juste », s'en remet à chacun quant à ce qu'il souhaite « faire du temps qu'il a à vivre »,

---

[46] D. LECOURT, *op.cit.,* p. 53.

[47] S. HABER, *Critique du naturalisme,* p. 201.

tout en garantissant simplement à tous une égale liberté pour que chacun puisse développer sa propre compréhension éthique de lui-même, pour réaliser sa conception personnelle de la "vie bonne" en fonction de ce qu'il peut et de ce qu'il souhaite : « Dans les questions qui précisément ont pour nous la portée la plus grande, la philosophie se range à un méta-niveau et n'interroge plus que les propriétés formelles des processus par lesquels on délibère sur soi-même, sans prendre position sur les contenus eux-mêmes. Il se peut que cela soit insatisfaisant, mais que peut-on opposer à une retenue qui, en ce domaine, est tout à fait fondée ? »[48].

De ce point de vue procéduraliste, le principe de « la justice comme équité » défendu par John Rawls reste paradigmatique : « (1) Chaque personne a un droit égal à un système pleinement adéquat de libertés de base égales pour tous, qui soit compatible avec un même système de libertés pour tous ; (2) les inégalités sociales et économiques doivent satisfaire à deux conditions : (a) elles doivent d'abord être attachées à des fonctions et à des positions ouvertes à tous, dans les conditions de juste égalité des chances, et (b) elles doivent procurer le plus grand bénéfice aux membres les plus désavantagés de la société »[49].

Rawls présuppose pour la validation du principe de la justice les *biens premiers* d'une part et *le voile d'ignorance* d'autre part. Les « biens premiers » (*primary goods)* concernent tout ce qu'un être rationnel désirera, quels que soient ses autres désirs : les droits, les libertés et les possibilités offertes, les revenus et la richesse. C'est en fonction d'eux que s'évalue la justice d'une répartition. Le marchandage et les rapports de force doivent être exclus.

[48] *ANH,* p. 13.
[49] J. RAWLS, *Justice et démocratie,* Paris, Seuil, 1993, p. 156.

Mais l'équité ne signifie pas l'égalitarisme parce qu'il ne s'agit pas de niveler les inégalités sociales et économiques qui, liées à des fonctions et à des positions sociales et en même temps ouvertes à tous, doivent procurer le plus grand bénéfice aux membres les plus désavantagés de la société[50]. Quant au *voile d'ignorance*, il postule que le législateur fasse abstraction de certains types de faits particuliers et fasse la connaissance des faits généraux qui affectent le choix des principes communs[51].

Toutefois, sur le plan épistémologique, celui de la fondation rationnelle du principe même de la justice comme équité, Habermas se distancie de Rawls dans ce sens qu'en lieu et place de la présupposition du voile d'ignorance par le législateur, on devrait plutôt promouvoir la discussion rationnellement motivée comme principe général devant servir de la règle d'universalisation « U » des normes d'action et des comportements publics. Mais, au final, quelle que soit la validité de ce principe, Habermas avoue honnêtement que cette conception de « la morale paie très cher la division du travail avec une éthique qui est spécialisée dans les formes de la délibération existentielle sur soi-même. Elle brise par là en effet le lien qui seul fournit aux jugements moraux la motivation à agir comme il faut. Les intuitions morales n'obligent effectivement la volonté que dès l'instant où elles s'inscrivent dans une compréhension éthique de soi qui *attèle* le souci que l'on a de son propre bien-être à l'intérêt pour la justice »[52].

---

[50] *Ibid*, p. 357.
[51] *Ibid*, p. 366.
[52] *ANH*, p. 13.

5.2.2. L'éthique de l'espèce humaine

La citation ci-dessus peut être considérée comme l'entrée en matière de l'éthique de l'espèce humaine (Gattungsethik). Répétons-le, Habermas évoque l'idée d'« *une éthique qui est spécialisée dans les formes de la délibération existentielle sur soi-même* ». Nous soulignons cette phrase parce qu'elle est riche des présuppositions normatives et axiologiques universelles. Il y a d'une part le fait de délibérer par le sujet moral, ce qui présuppose d'agir selon des principes rationnels, dont on a le concept. D'autre part, il s'agit d'une délibération existentielle portant sur la conception de la vie bonne que les sujets moraux se font d'eux-mêmes en tant qu'êtres vivants, naturellement et culturellement déterminés. D'où l'importance considérable de la seconde partie de la citation que nous soulignons entièrement : « Les intuitions morales n'obligent effectivement la volonté que dès l'instant où elles s'inscrivent dans une compréhension éthique de soi qui attèle le souci que l'on a de son propre bien-être à l'intérêt pour la justice ».

L'enjeu est de taille. Pour être émancipatrice, la théorie morale doit pouvoir articuler la norme dans toute sa forme universaliste et la valeur dans sa dimension contextualiste ou concrète. Le besoin d'un tel universalisme concret de la morale est d'ordre pratique et il se fait écho dans des situations très embarrassantes où ma conception de ce qui est bon à faire entre en conflit avec la norme sociale. « Lorsque l'existence d'une personne ou d'une communauté est menacée par la déroute, explique Habermas, les questions sur ce qu'est la réussite ou l'échec d'une vie se posent à cette personne ou à cette communauté relativement à la manière dont l'histoire de leur vie ou la forme de vie qu'elles se sont choisies a été guidée par des valeurs qui font foi à leurs yeux. Les questions de ce type sont fonction de la perspective que se donnent ceux et celles qui veulent savoir quelle compréhension de soi ils doivent avoir dans leur contexte de vie et quelles sont les pratiques qui, à tous égards, sont pour eux les meilleures »[53].

Dans *L'avenir de la nature humaine,* le protagoniste du formalisme moral revient avec intérêt sur la corrélation irréductible entre la morale et l'éthique, du point de vue de l'autocompréhension de l'espèce humaine. « J'appelle "morales", précise-t-il, les questions qui concernent le fait de vivre ensemble en observant des normes justes. Pour les personnes qui agissent, [...], les questions de cette nature se posent compte tenu du besoin normatif d'une réglementation des interactions sociales. La raison fait que l'on attend que de tels conflits puissent être tranchés rationnellement dans l'égal intérêt de chacun »[54]. Néanmoins, ajoute-t-il, « Cette attente d'une acceptabilité rationnelle n'existe pas en revanche dès lors que la manière dont le conflit est décrit, que la manière dont les normes concernées par ce conflit sont justifiées en raison, dépendent des modes de vie que l'on s'est choisis et de la manière dont on comprend son existence personnelle, dépendent autrement dit du système d'interprétation qui porte l'identité de l'individu ou d'un groupe défini des citoyens. Ce type de conflits qui en appelle à l'arrière-plan touche à des questions éthiques »[55].

Il y a lieu de dire finalement que Habermas s'inscrit dans la perspective de ceux qui défendent la corrélation entre la morale et l'éthique. C'est le cas de Jean Ladrière qui montre que de par leur origine étymologique (« éthique », du grec « ethos » signifie « coutume », tandis que la « morale », du latin « *mores* », signifie « mœurs ou

[53] *Ibid.,* p. 63

[54] *Ibid.,* p. 62.

[55] *Ibid.,* p. 62-63.

coutumes »), les deux concepts réfèrent l'un et l'autre à des façons d'agir et de vivre reçues dans une communauté déterminée, à la fois comme ce qui a toujours été effectivement pratiqué et comme ce qui est considéré comme juste, convenable, recommandable, donc à la fois comme ce qui, de fait, constitue le comportement traditionnel et comme ce qui, de droit, s'impose comme le comportement correct. Ceci suggère que les deux termes peuvent être considérés comme sémantiquement équivalents[56]. Toutefois, on tend de plus en plus aujourd'hui à caractériser l'éthique par l'inspiration qui donne à l'action son orientation, plutôt de la nature d'un appel, tandis que la morale par la contrainte, éprouvée par la conscience face à la règle qui s'impose à elle, et qui se traduit par le sentiment du devoir[57].

Dans le même ordre d'idées, Paul Ricœur revient sur le fait que ni étymologiquement ni historiquement, rien ne permet de distinguer la morale de l'éthique. L'une et l'autre renvoient à l'idée de mœurs. L'éthique réfère à ce qui est estimé bon, tandis que la morale à ce qui s'impose comme obligatoire. L'éthique est téléologique (héritage aristotélicien), alors que la morale est déontologique (héritage kantien). Entre les deux, les rapports sont corrélatifs. D'un côté il y a la primauté de l'éthique sur la morale, c'est-à-dire de la visée bonne sur la norme juste, mais de l'autre, il y a le primat de la morale sur l'éthique, autrement dit de la norme juste sur la visée de la vie bonne. Mais dans la pratique, la visée éthique doit pouvoir passer par le crible de la norme et la norme doit être fondée sur la visée de la vie bonne, surtout lorsque elle conduit à des impasses pratiques[58].

---

[56] J. LADRIERE, *L'éthique dans l'univers de la rationalité,* Montréal, Ed. Fides, 1997, p. 22.

[57] *Ibid.,* p. 23.

[58] Cf. P. RICŒUR, *Soi-même comme un autre,* Paris Seuil, 1990, p.

Avant de nous atteler à ce qui pourrait être considéré en termes des fondements essentiels de l'éthique de l'espèce humaine, force est de nous rappeler que la proclamation antérieure par Habermas du « primat du juste sur le bien » n'avait que de valeur stratégique afin de garantir le « politiquement-correct ». La preuve en est que, d'après lui, le principe de la discussion n'exige pas que l'individu puisse rompre complètement avec la perspective égocentrique, étant donné que chacun agit en fonction du *telos* de la vie à chaque fois la *mienne*. Car la signification d'autres personnes, d'autres histoires de vie et d'autres situations inscrites sous la forme de vie inter-subjectivement partagée s'acquiert chaque fois à la mesure de mon identité, de mon histoire de vie ou de ma situation d'intérêt, ou encore entremêlées avec elles. Par ailleurs, la décentration requise du point de vue de l'éthique de la discussion est due au fait que mon processus de formation biographique s'accomplit toujours dans un contexte de traditions collectivement partagées avec d'autres personnes. Mon identité étant également imprégnée d'identités collectives, mon histoire de vie est enchâssée dans les contextes de vie historiques qui la dépassent. Par conséquent, ma conception de la vie bonne concerne également les formes de vie que je partage en commun avec les autres[59]. D'où cette intéressante nuance de l'auteur : « Au-delà d'une opposition stérile entre un universalisme abstrait et un relativisme autoréfutatif, j'essaie de défendre le primat du juste sur le bien. Cela ne signifie cependant pas que les questions éthiques au sens étroit doivent être exclues de la discussion rationnelle »[60].

200-201.
[59] *ED,* p. 99-100.
[60] *Ibid.,* p. 11.

Revenons aux présuppositions générales de l'éthique de l'espèce humaine (*Gattungsethik*). La question principale qui s'y pose est la suivante : « Qui suis-je ? » ou encore « Qui sommes-nous et qui voulons-nous être ? ». Or, poser de telles questions suggérerait de présupposer une anthropologie philosophique à la base de la théorie morale de Habermas. Et pourtant, comme le dit Alexandre Dupeyrix, cette expression déconcerterait l'auteur. Car Habermas n'a cessé de revendiquer une philosophie postmétaphysique, qui renonce aux entreprises de fondation essentialiste et évite les écueils définitionnels. Il défend plutôt une approche déflationniste du rôle de la philosophie qui doit se contenter de donner un cadre, de construire des conditions de possibilité, d'être « une simple instance critique ». Cependant, au fil de son œuvre, on peut reconstituer des bribes de définitions et recomposer ce qui pourrait être le portrait de l'homme habermassien[61].

Certes, on reconnaît généralement à Habermas la conception de l'homme comme un être de langage. C'est avec cette catégorie qu'il opère pour mettre en exergue la dimension éminemment rationnelle de l'homme comme sujet capable d'agir et de parler. Or ce sujet capable de parler et d'agir est avant tout, du point de vue de son autocompréhension, un être naturel et culturel, autrement dit un inconditionnel conditionné. Car être humain, c'est« être-vivant-naturellement-et-culturellement ». C'est dans cette perspective que nous pouvons comprendre l'affirmation de Habermas selon laquelle « Etre déterminé est un soutènement constitutif de l'autodétermination ». Quelles sont les implications morales universelles de cette

---

[61] A. DUPEYRIX, *Comprendre Habermas*, Paris, Armand Colin, 2009, p. 31.

conception éthique fondamentale de l'homme comme un « être-vivant-naturellement-et-culturellement » ?

a) *L'Homme comme un « Etre-vivant-naturellement »*

Mise à part la description neurophysiologique de l'homme comme un être vivant, dont l'organisme fonctionne de manière irréductiblement mécanique, l'idée de l'homme comme un être vivant fonde moralement l'originalité irréductible de l'affectivité humaine, c'est-à-dire des sentiments moraux qui nourrissent et perpétuent les interactions sociales. Il y a entre autres l'empathie, la sympathie, la culpabilité et le remords, appelés autrement dans le langage de la neurobiologie « les prédispositions naturelles émotionnelles[62]. Habermas en reconnaît la nécessité absolue pour toute vie morale :

> *Si nous ne connaissions pas l'émotion que font naître les sentiments moraux d'obligation ou de culpabilité, du reproche ou du pardon, si nous ne connaissions ni le sentiment libérateur que confère le respect moral, ni le sentiment de joie que procure l'entraide solidaire, ni le sentiment d'accablement qu'engendre le renoncement moral ; si nous ne connaissions pas enfin « l'obligeance » qui permet d'aborder des situations de conflit ou de contradiction avec un minimum de civilité, nous ne pourrions que percevoir, c'est encore ce que nous pensons, que l'univers habité par les hommes est insupportable*[63].

Du point de vue de l'autocompréhension de l'espèce humaine, de telles prédispositions morales naturelles sont intouchables, ce qui confère à chaque être humain son identité éthique, c'est-à-dire son intangibilité. C'est l'idée que les fondements biologiques qui président à la construction de l'identité de chacun sont hors de toute programmation volontaire des tiers. Ainsi donc,

---

[62] J.P. CHANGEUX – P. RICŒUR, *Ce qui nous fait penser,* p. 228.
[63] *ANH,* p. 110.

l'intangibilité n'est pas l'impossibilité d'être mis à la disposition de quelqu'un ou par quelqu'un, mais d'être disposé par un tiers comme un objet qu'il pourrait manipuler et utiliser à sa guise. L'intangibilité fonde moralement et juridiquement le principe de la dignité humaine. Celle-ci n'est pas une quelconque qualité que nous « possédons » par nature comme l'intelligence ou le fait d'avoir les yeux bleus, mais l'insigne de la symétrie des relations de reconnaissance mutuelle, dans un commerce d'égal à égal des personnes entre elles[64].

b) *L'Homme comme un « Etre-vivant-culturellement »*

Ce serait insuffisant de concevoir l'homme comme uniquement un être naturel. Dire qu'il est aussi et en même temps un être culturel, c'est admettre qu'il est capable de s'autodéterminer, de motiver les raisons et les orientations de son action. Habermas parle en ce moment-là de la liberté éthique, c'est-à-dire la capacité de se projeter son identité en la stabilisant par ses actions intentionnellement et rationnellement posées. Ce genre de liberté est le synonyme de ce que l'existentialiste chrétien Kierkegaard appelle le « pouvoir-être-soi-même », la pleine responsabilité ou la responsabilité pleine et entière (*Zurechnungsfähigkeit*). Il s'agit de la capacité de s'attribuer à soi-même et aux autres le pouvoir de mener une vie autonome, d'escompter des uns et des autres une responsabilité et un respect égal[65].

A l'idée de l'homme comme un être culturel correspond la notion morale de l'imputabilité. Sur le plan social, une personne imputable de ses actes est capable d'assumer les conséquences de ses actions et faire face à ses engagements par rapport à autrui. Sur le plan temporel, l'individu se conçoit comme une tâche infinie.

---

[64] *Ibid.,* p. 55.
[65] *Ibid.* p. 120.

« L'individu s'approprie par l'autocritique son passé, sa biographie, telle qu'il peut se la remémorer concrètement et telle qu'elle a été dans les faits, et ce à la lumière des possibilités d'actions futures. Ce n'est qu'à ce prix qu'il devient une personne que nulle autre ne peut remplacer et un individu qui n'est pas interchangeable », note Habermas. Et de renchérir : « C'est ainsi qu'il parvient à l'autocompréhension de la personne en tant que celle qu'il aimerait voir connue et reconnue par autrui »[66].

5.2.3. La visée de la vie bonne

A l'idée de l'autocompréhension de l'espèce humaine se trouve intriquée la visée du bien. A quoi ce concept du « bien » réfère-t-il exactement du point de vue moral ? Certes, le grand problème en philosophie a toujours été celui de savoir ce que peut signifier le bien en tant que visée principale de la vie morale. Dans son effort pour élucider ce concept, Emmanuel Kant semble y avoir plutôt perçu ce qui conduit au bonheur. Or, en ce qui concerne le bonheur de quelqu'un, il n'y pas de définition proprement dite :

> *En résumé aucun homme ne peut déterminer rigoureusement, d'après quelque principe, ce qui le rendrait véritablement heureux : pour cela, il lui faudrait être omniscient. Il n'y a donc pas pour être heureux des principes déterminés, il y a seulement des conseils empiriques, qui recommandent, par exemple de suivre un régime, d'être économe, poli, retenu, etc., toutes choses qui sont selon les enseignements de l'expérience, les véritables éléments du bonheur*[67].

Dans la suite de Kant, Paul Ricœur voit dans le concept du bien toute la nébuleuse d'idéaux et de rêves

[66] *Ibid.*, p. 17.
[67] E. KANT, *Fondements de la métaphysique des mœurs,* p. 42.

d'accomplissement de soi[68]. Quant à Charles Taylor, le bien réfère à toutes les intuitions particulièrement profondes, puissantes et universelles enracinées dans l'instinct, par opposition à d'autres réactions morales tenues surtout à la formation et à l'éducation : les intuitions relatives au respect de la vie, de l'intégrité, du bien-être et même de l'épanouissement d'autrui même si dans la pratique il nous arrive souvent de violer de telles exigences[69]. Selon Axel Honneth, c'est l'expression des éléments structurels de l'éthicité, tels qu'ils peuvent être identifiés normativement, du point de vue général des conditions communicationnelles de la réalisation de soi, et distingués de la multiplicité de formes particulières d'existence »[70].

Dans le même ordre d'idées, une expérience scientifique réalisée par le psychologue américain Elliot Turiel, sur le raisonnement et la capacité du jugement moral des enfants et adolescents de différentes cultures et religions, aurait montré que tous les enfants, sans exception, savaient distinguer sans ambigüité, et dès trente-neuf mois, les règles morales jugées obligatoires, portant sur les concepts de bonheur, de justice, de droit, et fondées sur l'honnêteté, l'idée d'éviter de faire le mal, et les règles conventionnelles jugées non généralisables et contingentes, même si elles sont supposées issues de la parole de Dieu[71].

---

[68] P. RICŒUR, *Soi-même comme un autre*, p. 210.

[69] Cf. CH. TAYLOR, *Les sources du moi : la formation de l'identité moderne*, Paris, Seuil, 1998, p. 17.

[70] A. HONNETH, *La lutte pour la reconnaissance*, Paris, Cerf, 2002, p. 206-207.

[71] Cf. J-P. CHANGEUX – P. RICŒUR, *op. cit.*, p. 248-249.

5.3. La coopérativité : approche stratégique

Très brièvement, au sens où nous l'entendons ici, la coopérativité présuppose l'injonction morale universelle *d'agir en harmonie avec soi-même et avec les autres, dans un environnement donné.* Et c'est justement parce que, comme le prévient déjà Habermas dans la *Théorie de l'agir communicationnel,* une dimension téléologique non négligeable sous-tend tous les concepts de l'action. Il écrit :

> *Je tiens à répéter afin de prévenir des malentendus que le modèle communicationnel d'action n'assimile pas action et communication. Le langage est un médium de la communication, qui sert à l'entente entre des gens qui veulent communiquer, tandis que les acteurs, en s'entendant mutuellement pour coordonner leurs actions, poursuivent chacun des objectifs déterminés. [...] Dans tous les cas, la structure téléologique de l'action est présupposée dans la mesure où l'on impute aux acteurs la capacité de poser des buts et d'agir en fonction d'un objectif, ainsi qu'un intérêt pour la mise en exécution de leurs plans d'action*[72].

Mais ce qui distingue spécialement la finalité stratégique de la finalité communicationnelle, c'est la manière dont les actions de différentes parties prenantes de l'interaction font l'objet « d'une *coordination,* soit comme engrenage (*Ineinandergreifen*) des calculs égocentriques d'utilité (où le degré de coopération ou de conflit varie en fonction de situations d'intérêts données), soit comme accord socialement intégrateur sur des valeurs et des normes, réglé et stabilisé par la tradition culturelle et la socialisation, soit comme relation consensuelle entre un public et ceux qui se présentent devant lui ; ou encore

[72] *TACI,* p. 117.

comme entente prise au sens d'un procès coopératif d'interprétation »[73].

Et c'est précisément pour dépasser l'aspect trop formaliste de l'éthique de la discussion, axée principalement sur le consensus argumentatif, indépendamment des contextes de vie, qu'il est absolument nécessaire non seulement de supposer ou de postuler, mais aussi et surtout de poser contextuellement l'exigence pragmatique de coopération comme finalité des interactions sociales. Car si la coopération venait à manquer ou à faire gravement défaut malgré les bonnes raisons de la discussion rationnellement motivée, il y a très peu de chance que l'accord escompté aboutisse. N'est-ce pas ce qui arrive dans la vie concrète où nous assistons à la fois aux réussites et aux échecs du dialogue ?

On peut fonder en raison le principe de la coopération sur une double exigence universelle concrète : l'authenticité du sujet et la reconnaissance intersubjective d'une part, et la sagesse pratique comme savoir précautionnel d'autre part.

5.3.1. L'authenticité du sujet et la reconnaissance intersubjective

La condition initiale pour toute coopération émancipatrice entre les sujets capables de parler et d'agir, c'est que chacun soit estimé pour ce qu'il est et pour ce qu'il voudrait réellement être. C'est ainsi que Habermas évoquait déjà, avant l'éthique de la discussion, l'argument selon lequel tout dialogue digne de ce nom ne peut avoir lieu qu'entre les interlocuteurs qui s'identifient l'un à l'autre selon la catégorie de la *moiité* (*Ichkeit*) et se maintiennent en même temps dans leur non-identité[74].

---

[73] *Ibid.*

[74] *CI*, p. 174.

En d'autres termes, l'authenticité est la condition éthico-morale fondamentale de reconnaissance de soi, d'estime de soi, ou encore, comme le dit Charles Taylor, de sincérité avec soi-même : « Si je ne suis pas sincère, je rate ma vie, je rate ce que représente pour moi le fait d'être humain. Etre sincère envers moi-même signifie être fidèle à ma propre originalité, et c'est ce que je suis à pouvoir de dire et de découvrir. En le faisant ainsi, je me définis du même coup. Je réalise une potentialité qui est proprement mienne »[75].

Comme il n'y a pas de soi-même sans l'autre, la coopération éthique en appelle impérativement à la reconnaissance de l'autre, dans son ipséité. Cependant, force est de constater que les rapports humains sont le plus souvent jalonnés des moments de méconnaissance ou de déni de la reconnaissance qui engendrent des conflits sociaux. Axel Honneth en a dénombré l'atteinte à l'intégrité physique (*violence physique*), l'atteinte à l'intégrité juridique (*exclusion juridique*) et l'atteinte morale de la personne humaine (*atteinte à la dignité humaine*)[76].

Et c'est pour juguler ces différentes formes de déni de la reconnaissance que, outre le principe formel de la discussion, la coopération éthique en appelle à la normativité éthico-juridique de la justice et de la solidarité. Car, d'après Habermas dont nous nous inspirons très largement, toutes les morales, parce qu'elles sont taillées à la mesure de la vulnérabilité d'êtres vivants individués par la socialisation, doivent toujours résoudre deux tâches en *une seule* : elles font valoir l'inviolabilité des individus en exigeant l'égal respect de la dignité de

---

[75] C. TAYLOR, *Le malaise de la modernité,* Paris, Cerf, 1994, p. 37.
[76] Cf. A. HONNETH, *La lutte pour la reconnaissance*, Paris Cerf, 2002, p. 161.

tout un chacun ; mais elles protègent dans la même mesure les rapports intersubjectifs de reconnaissance réciproque par lesquels les individus se maintiennent comme membres d'une communauté. Si le principe de justice postule l'égal respect et l'égalité des droits pour chaque individu, celui de la solidarité exige empathie et assistance pour le bien-être du prochain[77].

5.3.2. La sagesse pratique comme savoir précautionnel

Dès l'instant où nous prenons conscience du fait que le principe de la solidarité exige empathie et assistance pour le bien-être du prochain, cette question très problématique du bien-être du prochain en appelle, qu'on le veuille ou non, à la sagesse pratique pour endiguer le conflit d'intérêt entre les sujets socialisés et en même temps toujours capables d'entrer en conflit non seulement entre eux-mêmes, mais aussi avec leur environnement naturel et socio-culturel.

Du grec *phronèsis* ou du latin *prudentia*, la sagesse pratique ou la prudence signifie selon Aristote la capacité de délibérer sur des choses contingentes (prividentia), en compagnie de la règle vraie pour rendre l'homme capable d'agir dans la sphère de ce qui est bon ou mauvais pour un être humain (VI, 1140b). Comme la justice, la sagesse pratique aide l'homme à trouver des réponses face aux problèmes dans la collectivité, alors que la prudence et le courage lui permettent d'y faire face[78].

En fait, la sagesse pratique est une attitude intellectuelle à adopter lorsque l'on fait face à l'ensemble des effets

---

[77] *ED,* p. 20-21.

[78] Cf. M. MEYER, L'éthique selon la vertu : d'Aristote à Comte-Sponville », dans *Revue internationale de philosophie : André Comte-Sponville avec ses réponses*, n° 4 (2011), p. 59.

d'une situation. Elle implique de prendre en compte le caractère indéterminé de tout savoir et de toute action, surtout lorsqu'il est question de prévenir contre l'idéologie de la civilisation technologique qui incite à faire confiance à toutes les formes d'innovations techniques, y compris sociales, en acceptant les éventuels préjudices qui en marqueraient les premières applications, persuadés que finalement il n'en sortirait que des avantages[79].

Concrètement, la sagesse pratique sous-entend l'agir raisonnable, c'est-à-dire la capacité d'agir d'une façon ou d'une autre au nom d'un choix rationnel, ou encore à interrompre la chaîne des événements pour repartir de zéro. Le raisonnable, c'est « la forme de l'activité personnelle qui comporte, sous sa forme complète, la représentation de l'acte à produire, un arrêt provisoire de la tendance à cet acte, la conception des raisons pour l'accomplir ou ne pas l'accomplir, le sentiment de la valeur de ces raisons, la décision d'agir comme elles l'indiquent et l'aboutissement à l'exécution ou l'abstention définitive »[80] ; c'est pouvoir faire preuve d'un jugement sain et normal, cela sous-entend une idée de modération et de mesure ; c'est souvent l'expression même de l'idée qu'on ne va pas jusqu'au bout de son droit par modération ou par bienveillance[81].

Derrière l'appel à la sagesse pratique, il y a l'idée du bon sens et de la bonne volonté. Pour le père du rationalisme occidental, René Descartes, le bon sens est « la chose du monde la mieux partagée : car chacun pense en être si bien pourvu, que ceux mêmes qui sont les plus difficiles à contenter en toute autre chose, n'ont point

---

[79] Cf. D. GRISON, *Qu'est-ce que le principe de précaution ?,* Paris, J. Vrin, 2012, p. 48.

[80] A. LALANDE, *op. cit.,* p. 1217-1218.

[81] *Ibid.,* p. 886-887.

coutume d'en désirer plus qu'ils n'en ont »[82]. Habermas y fait recours pour contrecarrer la réduction déterministe du naturalisme biologique :

Les connaissances scientifiques semblent perturber d'autant plus la compréhension que nous avons de nous-mêmes qu'elles nous touchent de près. Les recherches sur le cerveau nous apportent des enseignements sur la physiologie de notre conscience. Mais est-ce que cela change la conscience intuitive que nous avons de ce que nous sommes les auteurs de tous nos actes, dont nous pouvons répondre par conséquent puisqu'ils nous sont imputables ?[83].

Poursuivant son argumentation, le défenseur de l'éthique de l'espèce humaine (*Gattungsethik*) conclut à l'idée qu'aucune science n'est capable de modifier radicalement la conscience que tous les êtres humains, dans leur universalité générique, ont d'eux-mêmes comme des sujets culturels : « Aucune science ne fera que le sens commun, même éclairé par la science, n'ait plus à juger, par exemple, de la manière dont, confrontés aux descriptions biomoléculaires qui permettent à la technologie génétique telle ou telle intervention, nous devons nous y prendre avec la vie humaine anté-personnelle. [...] Le sens commun est donc intriqué à la conscience des personnes, en tant qu'elles sont capables d'initiatives, capables de commettre et de corriger des erreurs. Il affirme face aux sciences une structure de perspective qui obéit à sa propre logique »[84].

En fait, dans le contexte actuel de la scientificisation et de la technicisation des modes de vie sociale, il faut lier à

---

[82] R. DESCARTES, *Discours de la méthode*. Présentation de J-M. Fataud, Paris, Bordas, 1967, p. 45-46.
[83] *ANH*, p. 153-154.
[84] *Ibid.*, p. 157.

la sagesse pratique le type de savoir précautionnel dans le sens de la responsabilité définie selon le principe de Hans Jonas : « Agis de façon que les effets de ton action soient compatibles avec la permanence d'une vie authentiquement humaine sur terre »[85].

Pour pouvoir expliciter ce principe de responsabilité selon Jonas, Mark Hunyadi y entrevoit un double sens. D'abord comme savoir prévisionnel ou « le savoir idéal », le principe de responsabilité exige que l'on sache dans le savoir actuel les effets lointains de l'action technique, avec pour conséquence, deux obligations : se procurer une idée des effets lointains et mobiliser le sentiment adéquat au représenté. Ensuite, comme savoir précautionnel ou « le savoir réel », la responsabilité voudrait que l'on accorde « la priorité au mauvais pronostic sur le bon », que l'on prenne en compte les probabilités dans les hauts risques ; la dynamique cumulative de développements techniques ; et le caractère sacro-saint du sujet de l'évolution »[86]. Tel est le sens même du principe de précaution, pour la civilisation technologique, adopté au Sommet de la terre à Rio, lequel exige de prendre en compte les trois termes suivants : les risques, l'incertitude, et la prise de mesure anticipée : « Pour protéger l'environnement, des mesures de précaution doivent être largement appliquées par les Etats selon leurs capacités. En cas de risques de dommages graves ou irréversibles,

---

[85] D'autres reformulations du même principe de responsabilité sont : « Agis de façon que les effets de ton action ne soient pas destructeurs pour la possibilité future d'une telle vie » ; ou simplement « Ne compromets pas les conditions pour la survie de l'humanité sur terre » ; ou encore positivement : « Inclus dans ton choix actuel l'intégrité future de l'homme comme objet secondaire de ton vouloir » (H. JONAS, *Le Principe Responsabilité,* p. 30).

[86] M. HUNYADI, « Pourquoi avons-nous besoin du raisonnement de précaution ? » in *Esprit 8-9* (2003), p. 142

l'absence de certitude scientifique absolue ne doit pas servir de prétexte pour remettre plus tard l'adoption des mesures visant à prévenir la dégradation de l'environnement »[87].

Comme nous l'avons dit ci-haut, la sagesse pratique ne va pas non plus sans la bonne volonté des acteurs sociaux en interaction. La bonne volonté, considérée comme la source et la ressource du libre arbitre, peut être considérée comme la capacité d'agir d'une façon ou d'une autre au nom d'un choix rationnel, ou encore à interrompre la chaîne des événements pour repartir de zéro. En cela, la bonne volonté est différente de la liberté réflexive qui signifie l'absence de préventions cognitives et impliquerait que le sujet empêtré dans ses contextes d'action se libère du point de vue égocentrique qui le caractérise[88]. En un mot, en tant que source de liberté individuelle, la bonne volonté doit être pour ainsi dire considérée selon Kant comme la meilleure chose du monde : « L'intelligence, la faculté qui saisit les ressemblances des choses, les jugements ainsi que les autres talents de l'esprit, quel que soit le nom qu'on leur donne, ou encore le courage, la décision, la persévérance dans les œuvres entreprises, qualités du tempérament, sont évidemment à de nombreux points de vue des choses bonnes et désirables ; mais elles peuvent devenir mauvaises et dangereuses si la volonté qui doit faire usage de ces dons de la nature et dont les dispositions particulières s'appellent le caractère, n'est point une bonne volonté»[89].

En conclusion, l'appel à la coopération éthique telle que nous venons de l'esquisser sous ce point résulte logiquement de notre prise de conscience de la complexité

---

[87] D. GRISON, *op. cit.,* p. 9 et 53-54.

[88] *VJ,* p. 46-47.

[89] E. KANT, *Fondements de la métaphysique des mœurs,* p. 19.

irréductible de la nature humaine et de la multiplicité des modes de vie sociaux. Nous nous accordons pour ainsi dire à l'idée d'une rationalité plurielle et ouverte, comme le fait Habermas qui distingue trois types de rationalité : rationalité de la discussion et de la réflexion, rationalité épistémique, rationalité téléologique. Chaque type de rationalité étant marqué par la visée d'un universel présenté comme idée régulatrice, sans que l'une soit réduite à l'autre[90], notre plaidoyer pour la coopérativité éthique signifie qu'il ne saurait y avoir une seule voie qui soit exclusive en direction de l'émancipation des sujets capables de parler et d'agir. C'est dans l'entre-deux de la discussion et de l'interaction que chacun est appelé à se réaliser soi-même et construire la société selon ses propres capacités.

---

[90] J. HABERMAS, cité par B. FELTZ, « Kant et la neutralité dans le système belge », in *Vers une laïcité revisitée.* Colloque international. Vol. 25, Université Saint-Esprit de Kaslik, Facultés de philosophie et des sciences humaines, 2009, p. 42.

CONCLUSION

L'hypothèse principale qui sous-tend l'ensemble des réflexions contenues dans ce livre est l'affirmation selon laquelle l'émancipation, comprise effectivement comme projet de l'autodétermination, est « le fait d'être libre de mener sa vie ». Ce fait présuppose un esprit sain, dans un corps et dans un environnement propice (*Mens sana in corpore sano*). Un tel dualisme épistémique, pour autant qu'il soit irréfutable du point de vue de l'autocompréhension de l'espèce humaine (*Gattungsethik*), prend en compte le fait qu'être déterminé est un conditionnement constitutif de l'autodétermination humaine. Et c'est notamment en développant la science que le genre humain devient capable de se libérer par la compréhension du réel et l'action efficace sur le monde[1].

Grâce à la science, il se développe en l'homme le sens de l'objectivité ou l'esprit critique par lesquels il peut se libérer de l'ignorance et du dogmatisme, c'est-à-dire de la tutelle imposée aux hommes du dehors. C'est aussi grâce à la science que l'homme acquiert l'efficacité et l'anticipation rationnelle des actions.

Outre la rationalité scientifique, l'originalité du tournant pragmatique du langage, dont la théorie de l'agir

---

[1] A. BOULOT, « Sciences et philosophie », in *Encyclopaedia universalis,* Corpus 20 (1996), p. 733.

communicationnel développée par Habermas, c'est de montrer aussi que la raison incarnée dans le langage ordinaire est la source principale qui éclaire le processus dialectique de l'émancipation sociale. Et c'est dans la mesure où les présuppositions fondamentales de la communication idéale visent l'intercompréhension sans laquelle les interlocuteurs ne seraient pas capables de s'entendre ni moins d'interagir pacifiquement. L'agir communicationnel présuppose la recherche coopérative de la vérité et de la justice. Il s'ensuit, par conséquent, des présuppositions morales universelles telles que la publicité et l'inclusion de tous, la sincérité et l'honnêteté, l'égalité de chance, etc.

Dans la perspective de la théorie critique de la connaissance comme critique de la société émancipée, selon Habermas, nous avons analysé plus ou moins trois paradoxes qui sous-tendent l'impact sociétal du savoir scientifique comme pouvoir de libération et de déstructuration des évidences pratiques. Pour ce faire, nous nous sommes basé sur la thèse de la techno-science comme « idéologie », dont les trois paradoxes suivants ont été analysés. D'abord la quête de la vérité dans les sciences au risque de la réduction méthodologique de la connaissance. Ensuite la libération matérielle de l'homme et de la société au risque de la domination capitaliste. Enfin, la visée du bien-être des individus au risque de la réduction biologique de la personne humaine.

Dans un premier temps, le débat sur les critères de scientificité, développé dans l'épistémologie des sciences naturelles, nous a conduit à la reconstruction par Habermas des intérêts de la connaissance, c'est-à-dire des structures anthropologiques universelles du travail et de l'interaction. D'après l'auteur de *Connaissance et intérêt,* les sciences naturelles ou empirico-analytiques sont fondées sur l'intérêt technique, en tant qu'il vise l'instrumentalisation des choses, c'est-à-dire objets extérieurs à l'homme ; les sciences sociales, ou historico-herméneutiques, sont fondées sur l'intérêt pratique en tant qu'il vise d'assurer les relations symétriques de reconnaissance mutuelle entre les individus socialement constitués ; les sciences critiques, dont psychanalyse et la philosophie, sont fondées sur l'intérêt émancipatoire dans la mesure où il vise la libération des illusions et des auto-illusions.

En fait, la théorie des intérêts de la connaissance vise à ce que l'on prenne en compte, dans toute démarche scientifique, de la nécessité de l'autoréflexion étant donnée la réduction positiviste de la connaissance. Hilary Putnam parle à ce propos du fétichisme de la méthode, c'est-à-dire « la conception de beaucoup de philosophes qui ont cru que la science progresse en suivant une *méthode* (l'induction) particulière dont l'utilisation garantit la découverte des vérités. Une telle méthode expliquerait la réussite de la science et la persistance de controverses dans les domaines autres que la science »[2].

L'autoréflexion est absolument nécessaire pour la théorie de l'émancipation dans ce sens que, d'une part, elle permet de démasquer les déformations systématiques de la communication, de dissoudre l'illusion, de déconstruire l'apparence et de critiquer l'idéologie. D'autre part, l'autoréflexion vise à reconstruire des principes fondamentaux du savoir, reconstruction de la « fondation » de différents domaines de la raison, aussi bien en philosophie qu'en sciences[3]. Il s'agit en d'autres termes de prendre sérieusement en compte le caractère

---

[2] H. PUTNAM, *Raison, vérité et histoire,* Paris, Ed. de Minuit, 1984, p. 209.

[3] J-M. FERRY, « La philosophie moderne face à la société moderne : La reconstruction habermassienne », in *Les Cahiers de philosophie : « Habermas. L'activité communicationnelle »*, n°3 (1987), p. 15-16.

circulaire entre la logique des sciences et le projet de l'émancipation de l'homme par la connaissance rassurée. Comme le dirait autrement Edgar Morin, il faut une science critique de la science, la science de la science, la science de second degré. Car, explique-t-il, entre l'empirisme qui croit adhérer directement aux objets et l'idéalisme pragmatique qui croit ne manipuler que des concepts efficaces, l'épistémologie critique doit prendre au sérieux la relation du sujet observateur à l'objet observé :

> *De plus en plus, en microphysique, en théorie de l'information, en histoire, en ethnographie, on comprend que l'objet est construit par l'observateur, passe toujours par une description cérébrale. [...] Il s'agit donc d'établir le méta-système du système scientifique. C'est bien là la nouvelle métaphysique, qui permettra, non sans doute de surmonter, mais de mieux comprendre la formidable béance qui s'élargit entre science et valeurs (éthique), science et finalité (anthropolitique)*[4].

En second lieu, nous avons abordé le paradoxe de la techno-science comme « idéologie ». D'un point de vue historique et sociocritique, la science et la technologie ne sont pas tout à fait neutres de l'idéologie capitaliste dans ce sens que ce sont toutes des productions sociales qui, en tant que telles, sont sous-tendues par des projets et des finalités bien déterminés, dans le temps et dans l'espace. S'il est incontestable que c'est grâce à la technique scientifique que la société industrielle avancée est devenue capable de résoudre efficacement les problèmes matériels qui se posent à la survie de l'homme, d'organiser et de planifier systématiquement l'entreprise économique, c'est aussi grâce à la technique que cette société réussit à planifier et à étendre la domination quasi-totale de l'idéologie capitaliste. D'où des expressions fatalistes

[4] E. MORIN, *Le paradigme perdu : la nature humaine,* p. 230.

comme « la cage de fer » (Max Weber) ou la société unidimensionnelle (Herbert Marcuse).

La techno-science comme idéologie pose à la théorie critique la question de la réduction matérialiste de l'agir de l'homme. Pour s'en sortir, nous avons vu dans le deuxième chapitre que Habermas optera en faveur du dialogue, inspiré du modèle pragmatique de la discussion. Au cours de ce dialogue, les citoyens sont librement invités à répondre à la question de savoir comment les sciences pénètrent dans le monde vécu social et comment sont mises en œuvre les techniques dans les situations historiques données.

Néanmoins, pour être inclusif et pouvoir surmonter les limites empiriques de ce modèle de dialogue, un autre type de dialogue est absolument nécessaire. C'est l'agir communicationnel dont les présuppositions de l'argumentation peuvent être institutionnalisées dans les interactions publiques auxquels prennent part les citoyens. Tel a été l'objet du troisième chapitre, focalisé sur l'idée que l'activité communicationnelle est le seul genre d'activités sociales qui vise à la fois la vérité et la justice. C'est la voie universellement valide de la rationalisation de l'agir et des formes de vie sociales. D'où l'exclusivité du principe de la discussion. Car, pour Habermas, la vérité et la justice sont tellement ancrées dans la raison communicationnelle qu'elles n'ont pas besoin d'un autre fondement ultime, religieux ou métaphysique, pour être validées. Par contre, ce sont les bases universelles de l'intercompréhension et de la pacification sociale, dont dérivent tous les autres principes de la vie bonne. C'est dans ce sens que l'éthique de la discussion pose le primat du juste sur le bien.

Or, en dépit de la normativité universelle du principe de la discussion, comme norme générale de l'action politiquement correcte, force est de reconnaître que la seule force de l'argumentation est insuffisante pour expliquer les façons différentes d'agir, dans un même contexte de vie. Quoi qu'il en soit, la vérité c'est qu'il existe des problèmes réels et pratiques qui ne sont pas susceptibles d'être tranchés par le seul recours à la contrainte sans contrainte du meilleur argument. C'est le cas bien entendu des problèmes éthiques suscités par la technologie génétique.

La deuxième partie de ce travail s'est intéressée à cette problématique qui, tout compte fait, montre que le changement de paradigme, conforme au tournant pragmatique du langage, reste encore une prétention strictement philosophique. La révolution biologique est un autre tournant philosophique dont il faut prendre très en compte les présuppositions réductionnistes. En fait, notre approche critique de la question de l'émancipation à l'aune de la révolution biologique vise à articuler le rationalisme idéaliste des sciences du langage avec le mécanisme déterministe des biosciences. Car, du point de vue de l'autocompréhension du genre humain (*Gattungsethik*), seul un déterminisme atténué ou un naturalisme faible serait capable d'appréhender le mécanisme biologique et les fondements rationnels de l'agir proprement humain. C'est ainsi que l'être humain s'appréhende comme un corps-vivant-naturellement-et-culturellement, moralement intangible et imputable de ses actes, unique et égal aux autres.

L'analyse du processus délibératif de la décision individuelle, en vue d'une action libre et pleinement responsable, fonde l'idée que l'homme est un animal intégralement naturel et culturel. Et c'est précisément au regard de cette autocompréhension de l'espèce humaine, irréductible à la rationalité des sciences biologiques, que l'eugénisme libéral pose moralement problème. De l'avis de Habermas, le vrai problème de l'eugénisme libéral, c'est que les pratiques de l'hétérodétermination technologique dérèglent le jeu de l'individuation et de la socialisation, fondé sur le respect de la dignité humaine, l'intangibilité de chacun, et la symétrie des relations interpersonnelles.

Pour assurer l'intangibilité de tout être humain, fondement du respect et de la dignité de chacun, tel qu'il se comprend et voudrait encore se comprendre, dans le processus dialectique de l'autodétermination, nous avons en dernière analyse soutenu l'idée que la coopérativité comme étant le principe-ressource ou le facteur décisif de l'émancipation. Par là, nous entendons approximativement l'obligation morale universelle d'*agir raisonnablement* en harmonie avec soi-même comme avec un autre, dans la justice et la solidarité, pour le bien commun de l'humanité.

BIBLIOGRAPHIE

ŒUVRES DE HABERMAS

- *Après Marx*. Trad. de J-R. Ladmiral et M-B. de Launay, Paris, Hachette, 1997.
- *Connaissance et intérêt*, Paris, Gallimard, 1976.
- *De l'éthique de la discussion.* Trad. M. Hunyadi, Paris, Flammarion, 2006.
- *Droit et démocratie. Entre faits et normes,* Paris, Gallimard, 1997.
- *Droit et morale. Tanner Lectures (1986)*, Paris, Seuil, 1997.
- *Entre naturalisme et religion. Les défis de la démocratie*, Paris, Gallimard, 2008.
- *Idéalisations et communication. Agir communicationnel et usage de la raison,* paris, Fayard, 2006.
- *La paix perpétuelle. Le bicentenaire d'une idée kantienne,* Paris, Cerf, 1996.
- *La technique et la science comme idéologie*, Paris, Gallimard, 1973.
- *L'avenir de la nature humaine. Vers un eugénisme libéral ?*, Paris, Gallimard, 2002.
- *L'éthique de la discussion et la question de la vérité,* Paris, Grasset, 2003.
- *L'intégration républicaine.* Essais de théorie politique, Paris, Fayard, 1998.

- *La pensée postmétaphysique. Essais philosophiques.* Trad. Rainer Rochlitz, Paris, Armand Colin, 1993.
- *Le discours philosophique de la modernité*, Paris, Gallimard, 1988.
- *L'espace public. Archéologie de la publicité comme dimension constitutive de la société bourgeoise*, Paris, Payot, 1986.
- *Logique des sciences sociales et autres essais*, Paris, PUF, 1987.
- *Morale et communication. Conscience morale et activité communicationnelle*, Paris, Flammarion, 1986.
- *Profils philosophiques et politiques,* Paris, Gallimard, 1974.
- *Raison et légitimité. Problèmes de légitimation dans le capitalisme avancé.* (Trad. Jean Lacoste), Paris, Payot et Rivage, 2012.
- *Raison et religion. La dialectique de la sécularisation,* Paris, Ed. Salvator, 2010.
- « Une conscience de ce qui manque. Les liens de la foi et de la religion », in *Esprit,* mai 2007, p. 5-13.
- *Une époque de transition. Ecrits politiques 1998-2003,* Paris, Fayard, 2005.
- *Théorie de l'agir communicationnel. T.1. Rationalité de l'agir et rationalisation de la société*, Paris, Fayard, PUF, 1987.
- *Théorie de l'agir communicationnel. T.2. Pour une critique de la raison fonctionnaliste*, Paris, Fayard. 1987.
- *Théorie et pratique*, T. 2. *Critique de la politique,* Paris, Payot, 1975.
- *Vérité et justification*, Paris, Gallimard, 2001.

ECRITS SUR HABERMAS

- AGUIRE ORAA, J-M., *Raison critique ou Raison herméneutique ? Une analyse de la controverse entre Habermas et Gadamer,* Paris, Cerf, 1998.
- APEL, K-O., *Penser avec Habermas contre Habermas. La moralité du monde vécu peut-elle assurer à la « Théorie critique » un fondement normatif ?*, Paris, Ed. de l'Eclat, 1990.
- COMETTI, J-P., *Le philosophe et la poule de Kircher. Quelques contemporains,* Paris, Ed. de l'Eclat, 1997.
- CUSSET, Y., *Habermas. L'espoir de la discussion*, Paris, Ed. Michalon, 2001.
- DE BRIEY, L., *Le conflit des paradigmes. Habermas, Renaut : deux stratégies de renouvellement du projet moderne,* Bruxelles, Ed. de l'université de Bruxelles, 2006.
- DE BRIEY, L., « Le formalisme pratique : de la morale à l'éthique », in *Philosophiques,* vol. 32, n° 2 (automne 2005), p. 319-342.
- DUPERYRIX, A., *Habermas. Citoyenneté et responsabilité,* Paris, Ed. Maison des sciences de l'homme, 2012.
- *Comprendre Habermas,* Paris, Armand Colin, 2009.
- « Dieu, le savant et le cosmopolite. Sur des écrits récents de Habermas », in *Esprit* (mais 2009), p. 18-28
- FERRY, J-M., *Habermas. L'éthique de la communication*, Paris, PUF, 1987.
- « La philosophie moderne face à la société moderne : La reconstruction habermassienne », in *Les Cahiers de philosophie :« Habermas. L'activité communicationnelle »*, n°3 (1987), p. 15-33.
- FRANK, M., « Dissension et consensus selon Jean-François Lyotard et Jürgen Habermas, in *Les cahiers de philosophie : Jean-François LYOTARD. Réécrire la modernité,* n° 5 (1988) p. 163-183.

- HABER, S., *Critique de l'antinaturalisme. Etudes sur Foucault, Bulter, Habermas,* Paris, PUF, 2006.
- *Jürgen Habermas : Une Introduction. Au cœur de la pensée de Jürgen Habermas,* Paris, La Découverte, 2001.
- HUNYADI, M., « L'idée d'une contrefactualité contextuelle, ou : comment ne pas devoir transcender tous les contextes possibles, comme le veut Habermas ? », in *Revue philosophique de Louvain,* t.107 (2009), p. 319-349.
- MÜNSTER, A., *Le principe ''discussion''. Habermas ou le tournant langagier et communicationnel de la théorie critique*, Paris, Ed. Kimé, 1998.
- ROCHLITZ, R., *Habermas. L'usage public de la raison,* Paris, PUF, 2001.
- THEUNISSEN, M., *Théorie critique de la société. Introduction à la pensée de Jürgen Habermas,* Paris, Bayard, 2005.

AUTRES ECRITS

- ARBOUSSE-BASTIDE, P., *Auguste Comte,* paris, PUF, 1968.
- ARENDT, H., *Condition de l'homme moderne,* Paris, Calmann-Lévy, 1961.
- BACHELARD, G., *La formation de l'esprit scientifique. Contribution à une psychanalyse de la connaissance,* Paris, Jean-Vrin, 1999.
- BAMBINET, E., *L'animal que je ne suis plus,* Paris, Gallimard, 2011.
- BEAUNE, J-C. *La technologie,* Paris, PUF, 1972.
- BENASAYAG, M., *Organismes et artefacts. Vers la virtualisation du vivant ?*, Paris, Ed. La Découverte et Jean Paul Bayol, 2010.

- BERNARD, C., *Introduction à l'étude de la médecine expérimentale*, Paris, Librairie Larousse, 1951.
- BERNIER, R., « Emergence et évolution », in J-M. EXBRAYAT –J. FLATIN (Dir), *L'évolution biologique. Science, histoire ou philosophie ?* Actes du Colloque organisé en l'honneur du professeur Michel DELSOL à Lyon en janvier 1996, Paris, J. Vrin, 1997, p. 547-556.
- BOULOT, A., « Sciences et philosophie », in *Encyclopaedia universalis,* Corpus 20 (1996), p. 733-.
- BOURGEAULT, G., « La bioéthique : son objet, sa méthode, ses questions, ses enjeux », in *Ethica,* n°1 (Janvier 1989), p.63-93.
- BOSCH DE AGUILAR, P., « Comment le cerveau devient humain ? », in BOURGINE B. –FELTZ, B., e.a (Dir), *Darwinismes et spécificités de l'humain,* Louvain-la-Neuve, Harmattan/Academia, 2012, p. 145-162.
- BUSQUIN, P., « Liberté de la recherche », in *Sciences et croyances. Quelle place pour la démarche scientifique en Europe ?* Actes du Colloque tenu à Bruxelles du 18 novembre 2010, p. 75-84.
- COMTE, A., *Cours de philosophie positive.* Tome I. *Mathématiques. Sciences des corps bruts. Biologie.* Présentation et notes de Michel Serres, François Dagognet et Allal Sinaceur, Paris, Hermann, 1998.
- CHALMERS, A.-F., *Qu'est-ce que la science ? Popper, Kuhn, Feyerabend,* Paris, Ed. La découverte, 1987.
- CHANGEUX, J-P., *Du vrai, du beau, du bien. Une nouvelle approche neuronale,* Paris, Odile Jacob, 2008.
- *L'homme neuronal,* Paris, Fayard, 1983.
- CHANGEUX, J-P –RICŒUR, P, *Ce qui nous fait penser. La nature et la règle,* Paris, Odile-Jacob, 2000.

- CHAUCHARD, P., *La maîtrise de soi*, Paris, Dessart, 1963.
- *Le cerveau et la conscience,* Paris, Seuil, 1960.
- CHISHOLM, R.M., « L'agent en tant que cause », in M. NEUBERG, *Théorie de l'action. Textes majeurs de la philosophie analytique de l'action,* Liège, Ed. Mardaga, 1991, p.225-239.
- COULOUBARITSIS, L., « Dimensions sociales des sciences : émancipation, domination et opacité », in *Sciences et croyances. Quelle place pour la démarche scientifique en Europe ?* Actes du Colloque tenu à Bruxelles du 18 novembre 2010, p. 21-44.
- DAGOGNET, F., *Le vivant,* Paris, Bordas, 1988.
- DARWIN, C., *L'Origine des espèces au moyen de la sélection naturelle ou la lutte pour l'existence dans la nature* (traduction de E. Barbier), 6e éd. Paris, C. Reinwald et cie, 1876.
- DAVIDSON, D., « Actions, raisons d'agir et causes », in M. NEUBERG, *Théorie de l'action. Textes majeurs de la philosophie analytique de l'action,* Liège, Ed. Mardaga, 1991, p. 61-78.
- « L'agir », in M. NEUBERG, *Théorie de l'action. Textes majeurs de la philosophie analytique de l'action,* Liège, Ed. Mardaga, 1991, p. 205-224.
- DESCARTES, R., *Discours de la méthode* (Présentation de J.-M FATAUD), Paris, Bordas, 1967.
- DEVOS, P., « Qu'est-ce qui nous rend humain ? », in BOURGINE B. –FELTZ, B., e.a (Dir), *Darwinismes et spécificités de l'humain,* Louvain-la-Neuve, Harmattan/Academia, 2012, p. 31-39.
- DUVE, C. de, *A l'écoute du vivant,* Paris, Jacob Odile, 2005.
- ELLUL, J., *Le système technicien*, Paris, Calmann, 1977.

- FEENBERG, A., *(Re)penser la technique. Vers une technologie démocratique,* Paris, Ed. La Découverte, 2004.
- FELTZ, B., « Plasticité neuronale et libre arbitre », in *Archives de philosophie du droit.* T.55. *Le droit et les sciences de l'esprit,* 2012, p. 97-119.
- « Neurosciences, conscience, liberté », in B. BOURGINE – B. FELTZ, e.a (Dir), *Darwinismes et spécificités de l'humain,* Louvain-la-Neuve, Harmattan/Academia, 2012, p. 179-189.
- « Quel boussole face à la crise écologique ? », in *Revue Projet,* n° 328 (2012), p.68-74.
- « Sciences, croyances et diversité culturelle », in *Sciences et croyances. Quelle place pour la démarche scientifique en Europe ?* Actes du Colloque tenu à Bruxelles du 18 novembre 2010, p. 59-72.
- « Kant et la neutralité dans le système belge », in *Vers une laïcité revisitée.* Colloque international. Vol. 25, Université Saint-Esprit de Kaslik, Facultés de philosophie et des sciences humaines, 2009, p. 37-53.
- « Neurosciences et anthropologie », in M. DELSOL – B. FELTZ et M.C. GROESSENS, *Intelligence animale, intelligence humaine,* Paris, Vrin, 2008, p. 4 (version manuscrite), 22 p.
- *La science, et le vivant, Introduction à la philosophie des sciences de la vie,* Bruxelles, Ed. De Boeck Université, 2003.
- « L'inné et l'acquis dans les neurosciences contemporaines », in *Revue philosophique de Louvain,* t.98, n°4 (2000), p. 711-731.
- FEYERABEND, P., *Contre la méthode. Esquisse d'une théorie anarchiste de la connaissance*, Paris, Seuil, 1979.
- *Adieu la raison*, Paris, Seuil, 1989.

- FOUCAULT, M., *L'archéologie du savoir,* Paris, Gallimard, 1969.
- FOUREZ, G., *La construction des sciences. Les logiques des inventions scientifiques*, Bruxelles, éd. De Boeck Université, 2002.
- *La science partisane. Essai sur les significations des démarches scientifiques,* Gembloux, Ed. Duculot, 1974.
- FRANKFURT, H-G., « La liberté de la volonté et la notion de personne », in M. NEUBERG, *Théorie de l'action. Textes majeurs de la philosophie analytique de l'action,* Liège, Ed. Mardaga, 1991, p. 253-269.
- GADAMER, H-G., *Vérité et méthode. Les grandes lignes d'une herméneutique philosophique*, Paris, Seuil, 1996.
- GILBERT, M - ROSSI, M., « *L'éthique de la vertu et le critère de l'action correcte* », dans *Dialogue. Revue canadienne de philosophie,* vol 50, n°2 (juin 2011), p. 267-390.
- GIRE, P., « La question de la nature humaine », in J-M., EXBRAYAT-J. FLATIN (Dir), *L'évolution biologique. Science, histoire ou philosophie ?* Actes du Colloque organisé en l'honneur du professeur Michel DELSOL à Lyon en janvier 1996, Paris, J. Vrin, 1997, p. 614-621.
- GOUJOUN, P., « De la complexité socio-technique à l'éthique », in FELTZ, B. –GOUJON, P., - e.a., *Ethique, technique et démocratie,* Louvain-la-Neuve, 2007, p. 13-19.
- GRISON, D., *Qu'est-ce que le principe de précaution ?,* Paris, J. Vrin, 2012.
- GUCHET, X, *Pour un humanisme technologique. Culture, technique et société dans la philosophie de Gilbert Simondon*, Paris, PUF, 2010.
- HEGEL, G.W.F., *La raison dans l'histoire*, Paris, Plon, 1965.

- HEIDEGGER, M., *Essais et conférences*, Paris, Gallimard, 1958.
- HENRY, M., *La barbarie*, Paris, Grasset et Fasquelle, 1987.
- HONNETH, A., *La réification. Petit traité de Théorie critique*, Paris, Gallimard, 2007.
- *La lutte pour la reconnaissance*, Paris Cerf, 2002.
- HORKHEIMER, M., *Théorie critique. Essais,* Prés. de Luc ferry et Alain Renaut, Paris, Payot, 2009.
- HUNYADI, M., « Pourquoi avons-nous besoin du raisonnement de précaution ? », in *Esprit 8-9* (2003), p. 139-162.
- HUSSERL, E., *La crise des sciences européennes et la phénoménologie transcendantale*, Paris Gallimard, 1976.
- JONAS, H., *Le Principe Responsabilité. Une éthique pour la civilisation technologique*, Paris, Cerf, 1995.
- « De la gnose au Principe responsabilité », in *Esprit 5* (1991), p. 5-21.
- HOTTOIS, G., *Philosophie des sciences, philosophie des techniques*, Paris, Odile Jacob, 2004.
- KANT, E., *Critique de la raison pure.* Trad. A. Renaut, Paris, Flammarion, 2006.
- *Critique de la raison pratique.* Trad. L. Ferry et H. Wisman, Paris, Gallimard, 1985.
- *Vers la paix perpétuelle. Que signifie s'orienter dans la pensée ? Qu'est-ce que les Lumières ?* Trad. J-F. Poirier et F. Proust, Paris, Flammarion, 1991.
- *Théorie et pratique.* Trad. J-M. Muglioni, Paris, Hatier, 1990.
- *Fondements de la métaphysique des mœurs,*(Traduction de P. Lemaire), Collecton Etrangère, n°60, Paris, Hatier, sd.
- KÜHN, R. *Radicalité et passivité. Pour une phénoménologie pratique*, Paris, L'Harmattan, 2003.

- KUHN, T-S., *La tension essentielle. Traduction et changement dans les sciences,* Paris, Gallimard, 1990.
- KUHN, T-S., *La structure des révolutions scientifiques*, Paris, Flammarion, 1983.
- LADRIERE, J., *L'espérance de la raison*, Leuven, Ed. Peeters, 2004.
- *Les enjeux de la rationalité. Le défi de la science et de la technologie aux cultures.* Nouvelle édition. Suivi de *Existence, éthique et rationalité*, Québec, Liber, 2001.
- *L'éthique dans l'univers de la rationalité,* Montréal, Ed. Fides, 1997.
- « Sciences et discours rationnel », in *Encyclopaedia universalis,* Corpus 20, Paris, Ed. Encyclopaedia universalis, 1996, p. 721-725.
- *Vie sociale et destinée,* Gembloux, Duculot, 1973.
- LAURENT, P-J., « Introduction. Darwin et l'anthropologie socioculturelle », in B. BOURGINE, B – FELTZ, B., e.a (Dir), *Darwinismes et spécificités de l'humain,* Louvain-la-Neuve, Harmattan/Academia, 2012, p. 67-70.
- LAVELLE, S., « Quand connaître, c'est agir », in B. FELTZ-P. GOUJON, e.a., *Ethique, technique et démocratie,* Louvain-la-Neuve, Ed. Bruylant-Academia, 2007, p. 55-81.
- LYOTARD, J-F., « Réécrire la modernité *»,* in *Les cahiers de philosophie : Jean-François LYOTARD. Réécrire la modernité »,* n° 5(1988), p. 193-203.
- *La condition postmoderne. Rapport sur le savoir*, Paris, Ed. Minuit, 1979.
- LURCAT, F., *L'autorité de la science. Neurosciences. Espace et temps, Chaos, Cosmologie*, Paris, Cerf, 1995.
- MAFFESOLI, M., *Le réenchantement du monde. Une éthique pour notre temps*, Paris, Ed. Perrin, 2009.
- MARCUSE, H., *Le problème du changement dans la société technologique*. Suivi de *Marxisme et féminisme.*

Préface de Fabien Ollier, Paris, Ed. Homnisphères, 2007.
- *Vers la libération. Au-delà de l'Homme unidimensionnel,* Paris, Ed. Minuit, 1969.
- *L'homme unidimensionnel. Essai sur l'idéologie de société industrielle avancée,* Paris, Ed. de Minuit, 1968.
- MEYER, M., « L'éthique selon la vertu : d'Aristote à Comte-Sponville », dans *Revue internationale de philosophie : André Comte-Sponville avec ses réponses*, n° 4 (2011), p. 57-66.
- MITCHAM, C., « Complexités en interaction : science, technologie, société et éthique », in B. FELTZ–P. GOUJON, e.a., *Ethique, technique et démocratie,* Louvain-la-Neuve, Ed. Bruylant-Academia, 2007, p. 21-38.
- MONOD, J., *Le hasard et la nécessité. Essai sur la philosophie naturelle de la biologie moderne*, Paris, Seuil, 1970.
- MORIN, E., *Le paradigme perdu : la nature humaine,* Paris, Seuil, 1973.
- OPPENHEIMER, J-R., *La science et le bon sens,* Paris, Gallimard, 1955.
- POAMÉ, L-M., « L'idéologie du progrès dans une Afrique en mutation », in V. ANDRE – J-P. CONTZEN, e.a., *L'idéologie du progrès dans la tourmentante du postmodernisme,* Actes du Colloque 10, 11 et 12 février 2012, Bruxelles, Ed. Académie royale de Belgique, 2012, p. 207-217.
- POINCARE, H., *La valeur de la science*, Paris, Flammarion, 1939.
- POPPER, K., *Les deux problèmes fondamentaux de la théorie de la connaissance*, Paris, Hermann, 1999.
- *Toute vie est résolution des problèmes. Questions autour de la connaissance de la nature* (Recueil

d'articles traduits de l'allemand par Claude Duvernay), Paris, Actes Sud, 1997.
- *Toute vie est résolution des problèmes.* T.2. *Réflexion sur l'histoire et la politique,* Paris, Actes du Sud, 1998.
- *Conjectures et réfutations .La croissance du savoir scientifique,* Paris, Payot, 1975.
- *La logique de la découverte scientifique*, Paris, Payot, 1973.
- PUTNAM, H., *Fait/valeur : la fin d'un dogme et autres essais*, Paris, Ed de l'Eclat, 2004.
- *Raison, vérité et histoire,* Paris, Ed. Minuit, 1984.
- RAWLS, J., *Justice et démocratie,* Paris, Seuil, 1993.
- RICŒUR, P., *L'idéologie et l'utopie*, Paris, Seuil, 1997.
- *Soi-même comme un autre*, Paris, Seuil, 1990.
- RIEU, A.-M., « La technologie », in S. AUROUX, *Les notions philosophiques. Dictionnaire.* T.1, 2e édition, Paris, PUF, 1998.
- ROMBI, G., *Dimensions de la science*, Paris, Hachette, 1973.
- ROSTAND, J., *Inquiétudes d'un biologiste,* Paris, Ed. Stock, 1973.
- SAHLINS, M., *La nature humaine, une illusion occidentale. Réflexions sur l'histoire des concepts de hiérarchie et d'égalité, sur la sublimation de l'anarchie en Occident et essais de comparaison avec d'autres conceptions de la condition humaine,* Paris, Ed. de l'éclat, 2009.
- SCHAEFFER, J-M., *La fin de l'exception humaine,* Paris, Gallimard, 2007.
- SESBOÜE, B., *La théologie au XXe siècle et l'avenir de la foi*, Paris, Desclée de Brouwer, 2007.
- SIMON, R. *Ethique de la responsabilité*, Paris, Cerf, 1993.

- SIMONDON, G., *Du monde d'existence des objets techniques,* Paris, Aubier, 1989.
- TAYLOR, C., *Les sources du moi : la formation de l'identité moderne*, Paris, Seuil, 1998.
- *Le malaise de la modernité,* Paris, Cerf, 1994.
- « Comment concevoir le mécanisme ? », in M. NEUBERG, *Théorie de l'action. Textes majeurs de la philosophie analytique de l'action,* Liège, Ed. Mardaga, 1991, p. 177-202.
- UNESCO, « *La science pour le XXIe siècle : Un nouvel engagement* », Budapest, du 26 juin au 01 juillet 1999, in www.unesco.org/science/wcs/frer.htm.
- UVNÄS MOBERG, *L'ocytocine : hormone de l'amour ;* cfr. http://www.carevox.fr/enfants-ados/L-ocytocine-l-hormone-de-la-confiance-et-de-l-amour)
- VALADIER, P., *L'exception humaine,* Paris, Cerf, 2011.
- VERSPIEREN, P., « Morale, biologie et médecine », in *Encyclopaedia Universalis.* Supplément II. *Les enjeux,* Paris, Encyclopaedia universalis, 1985, p. 37-41.
- WATTIAUX, H., « Génétique et fécondité humaine. Contraception. Stérilisation, Diagnostic prénatal. Malformations congénitales. Insémination artificielle. Fécondation *in vitro* », in *Cahiers de la Revue théologique de Louvain n° 15*, Louvain-la-Neuve, 1986
- WEBER, M., *L'éthique protestante et l'esprit du capitalisme,* Paris, Plon, 1972.

OUVRAGES DE CONSULTATION

- AUROUX, S., *Les notions philosophiques. Dictionnaire.* T.1, 2e édition, Paris, PUF, 1998.
- BREHIER, E., *Histoire de la philosophie.* Nouvelle édition, Paris, Quadrige/PUF, 2004.

- *Dictionnaire. Encyclopédie de la philosophie,* Paris, Ed. La Pochothèque, 1995.
- FOULQUIE, P.–SAINT-JEAN, R., *Dictionnaire de la langue philosophique,* Paris, PUF, 1962.
- HUISMAN, D., *Dictionnaire des philosophes*, Paris, PUF., 1984.
- LALANDE, A. *Vocabulaire technique et critique de la philosophie*, Paris, Quadrige-PUF, 2006.
- MICHEL, A., *Encyclopaedia universalis. Dictionnaire des philosophes*. 2e éd. Paris, Albin Michel, 2001.

TABLE DES MATIÈRES

AVANT-PROPOS **9**
Sigles des ouvrages cités de Habermas **11**
INTRODUCTION **13**

PREMIÈRE PARTIE
Quand savoir c'est pouvoir :
les paradoxes du savoir scientifique **27**

CHAPITRE 1
La science moderne et le projet de l'émancipation **29**
1.1. Le concept de l'émancipation chez les Lumières 30
1.2. La recherche de la vérité au risque de la réduction
méthodologique 39
1.2.1. La méthode et l'objectivité des sciences naturelles 40
1.2.2. La méthode et l'objectivité des sciences humaines
et sociales 45
1.3. De la critique du positivisme à l'autoréflexion
des sciences 52

CHAPITRE 2
La techno-science comme idéologie
Une approche sociocritique des orientations scientifiques **63**
2.1. L'alliance entre la science, la technique
et l'économie capitaliste 64
2.2. La libération matérielle au risque de l'instrumentalisation 72
2.3. Vers la démocratisation de la technique 82

CHAPITRE 3
Le principe universel de la discussion
Analyse des fondements contrefactuels
de l'émancipation sociale **.......... 95**
3.1. L'agir instrumental et l'activité communicationnelle 96
3.1.1. L'agir instrumental 96
3.1.2. L'activité communicationnelle 99
3.2. Les présuppositions générales de l'argumentation 103
3.2.1. La rationalité de l'agir communicationnel 105
3.2.2. L'éthicité de l'agir communicationnel 109
3.3. L'éthique de la discussion :
enjeu philosophico-politique 119
3.3.1. Le principe d'universalisation des normes 120
3.3.2. Le principe universel de régulation sociale 125

DEUXIÈME PARTIE
La question de l'émancipation
à l'aune de la révolution biologique 131

CHAPITRE 4
La biologisation de la question humaine
Entre le déterminisme réductionniste et le libre arbitre **...... 133**
4.1. Des acquis et des défis majeurs
de la révolution biologique 134
4.1.1. Du mécanisme au déterminisme génétique 134
4.1.2. La réduction naturaliste de la liberté humaine 142
4.2. L'humanisme technologique et le défi du méliorisme 155
4.2.1. Les biotechnologies et la bioéthique 158
4.2.2. L'eugénisme libéral 163
4.3. Pour un naturalisme non réductionniste 170
4.3.1. Les limites du déterminisme biologique 171
4.3.2. La place du langage et de la culture 178

CHAPITRE 5
La coopérativité comme facteur de l'autodétermination
***Enjeux existentiels* 183**
5.1. La complexité de la nature humaine 184
5.1.1. La récurrence du conflit et de la violence dans le monde . 185
5.1.2. La profondeur abyssale du monde vécu humain 192
5.2. Le retour à la question éthique du bien 198
5.2.1. Les limites du formalisme moral 200
5.2.2. L'éthique de l'espèce humaine 205
5.2.3. La visée de la vie bonne 212
5.3. La coopérativité : approche stratégique 214
5.3.1. L'authenticité du sujet et la reconnaissance intersubjective 215
5.3.2. La sagesse pratique comme savoir précautionnel 217

CONCLUSION 223
BIBLIOGRAPHIE 231

Philosophie

aux éditions L'Harmattan

Dernières parutions

ALAIN BADIOU
Vivre en immortel
Vinolo Stéphane
À la différence de penseurs comme Deleuze ou Derrida, Alain Badiou est un philosophe classique, cherchant à apporter des réponses aux questions les plus anciennes de la philosophie. Pour Badiou, la philosophie n'est plus au coeur du processus de production des vérités. Toute la pensée de Badiou nous enjoint donc à cesser d'être des animaux humains pour devenir des sujets, à ne plus survivre à l'aune de nos seuls intérêts, pour vivre pleinement, c'est-à-dire, vivre enfin comme des immortels.
(Coll. Ouverture Philosophique, 20.00 euros, 196 p.)
ISBN : 978-2-343-05087-4, ISBN EBOOK : 978-2-336-36612-8

CENT MILLIONS D'ORGASMES
Essai sur la pornographie
Rubino Francesco
La pornographie sera l'un des objets les plus invasifs des réglementations morales à venir. Aux positions naïves (M. Marzano) et aux reconstructions puristes (C. MacKinnon) et relativistes (M. C. Nussbaum, L. Williams), ce «pornouvrage» oppose le sens authentique de cette anomie érotique : le sens d'un corps opprimé qui, pourtant, pornographiquement écrit (A. J. Magliacane) et se resymbolise dans un cri (P. Pat Califia) ou se désymbolise dans un fantasme (Ch. Ackerman, E. Lemoine-Luccioni).
(Coll. Ouverture Philosophique, série Arts vivants, 24.00 euros, 240 p.)
ISBN : 978-2-343-05144-4, ISBN EBOOK : 978-2-336-36662-3

COURT TRAITÉ D'ONTOLOGIE
Bouvier Pascal
Pourquoi existons-nous ? Est-ce que nous existerons après la mort ? Autant d'interrogations profondément humaines qui sont prises en charge par la philosophie. Au sein de celle-ci, une discipline spécifique se consacre à la question de l'être : l'ontologie. Elle semblait tombée en désuétude et dans l'oubli depuis les critiques sévères de certains courants philosophiques. Ce traité tente de saisir les grandes lignes de cette histoire de l'être.
(Coll. Ouverture Philosophique, 14.50 euros, 148 p.)
ISBN : 978-2-343-04094-3, ISBN EBOOK : 978-2-336-36722-4

CRITIQUE (LA) RADICALE DE L'ARGENT ET DU CAPITAL CHEZ LE DERNIER-MARX
Matériaux pour une refondation du marxisme
Bayer Philippe
Ce livre s'inscrit dans une réflexion sur la Critique radicale associée à ce qu'on peut appeler le Dernier-Marx. Ce Dernier-Marx, on peut le lire dans l'édition française du *Capital* en un repositionnement de Marx, venant problématiser sa pensée objective précédente, qui réceptionnait un donné du mode de production capitaliste pour l'interpréter comme un donné de l'histoire. À cette entreprise ruineuse pour le mouvement ouvrier, le Dernier-Marx substitue une problématique radicalement subjective à partir d'une ontologie de l'identité vitale.
(Coll. Ouverture Philosophique, 25.00 euros, 248 p.)
ISBN : 978-2-343-04705-8, ISBN EBOOK : 978-2-336-36730-9

DÉCONSTRUCTION PHÉNOMÉNOLOGIQUE ET THÉOLOGIQUE DE LA MODERNITÉ OCCIDENTALE
Awazi Mbambi Kungua Benoît
Le puissant travail de déconstruction phénoménologique et théologique de la modernité occidentale fait apparaître l'autisme épistémologique qui caractérise son horizon de la Mathesis Universalis à la base de ses productions scientifiques, techniques, athées, consuméristes et médiatiques. À travers cet ouvrage, l'auteur opère un puissant tournant prophétique, mystique et thérapeutique de la théologie négro-africaine de la libération holistique, échappant ainsi aux schèmes idéologiques et politiques des théologies occidentales frappées d'obsolescence.
(33.00 euros, 320 p.)
ISBN : 978-2-343-03719-6, ISBN EBOOK : 978-2-336-36791-0

ÉVEIL BOUDDHIQUE ET CORPORÉITÉ
Marcel Antoine
«Voir dans sa propre nature», dans le bouddhisme zen, est une expression convenue qui désigne l'éveil. Pourquoi, et comment ? Observant l'importance première donnée au corps dans la pratique méditative, la mise à l'écart de la noèse, l'auteur, s'appuyant sur les développements de la pensée phénoménologique à la suite de Maurice Merleau-Ponty, tente une investigation de l'éveil bouddhique.
(Coll. Ouverture Philosophique, 12.00 euros, 108 p.)
ISBN : 978-2-343-05191-8, ISBN EBOOK : 978-2-336-36785-9

PROBLÈME (LE) KANTIEN DE L'ÉTHIQUE
Habiter le monde
Gaudet Pascal
La philosophie critique de Kant peut être interprétée comme une éthique, qui signifie non pas seulement l'impératif de la vertu, mais l'exigence d'une réalisation du souverain Bien en l'homme et dans le monde. Ce livre montre comment la recherche d'un passage de la liberté à la nature fonde le projet d'une « habitation » du monde et permet de penser le sens éthique de la philosophie en ses domaines théorique et pratique.
(Coll. Ouverture Philosophique, 12.00 euros, 110 p.)
ISBN : 978-2-343-05328-8, ISBN EBOOK : 978-2-336-36702-6

RACINE (LA) DE LA LIBERTÉ
Urvoy François
À l'issue d'un siècle qui a vu le plus grand écrasement des hommes et des peuples et en ce début qui en prend bien le relais, les préoccupations de liberté ont pris une urgence plus grande et plus sensible. Les investigations obtiennent jusqu'ici des résultats très décevants car elles s'attachent aux moyens externes sans jamais chercher qui et surtout comment on sera en mesure de les produire et de les mettre en œuvre. Il s'agit, ici, de remonter à la racine de la question : ce qui dépend de nous, ce que nous pouvons par nous-mêmes dans un monde qui nous produit et nous conduit.
(Coll. Ouverture Philosophique, 27.00 euros, 258 p.)
ISBN : 978-2-343-03005-0, ISBN EBOOK : 978-2-336-36731-6

SYMBOLIQUE (LE) ET LE TRANSCENDANTAL
Verley Xavier
Ce livre part du différend qui a opposé Frege et Husserl à propos du psychologisme. Comment ces deux pensées tournées vers une réflexion sur l'arithmétique ont-elles pu parvenir à deux conceptions si différentes de la logique ? Il est apparu qu'il s'agissait d'évaluer l'idée de représentation qui est au cœur du problème. Ainsi, faut-il se (re)présenter pour penser ou y a-t-il la place pour une pensée symbolique et aveugle ?
(Coll. Ouverture Philosophique, 30.00 euros, 294 p.)
ISBN : 978-2-343-02833-0, ISBN EBOOK : 978-2-336-36557-2

CRITIQUE ET ÉMANCIPATION
Recherches foucaldiennes sur la culture arabe contemporaine
Beghoura Zouaoui - Préface de Jacques Poulain
Cet ouvrage utilise les pensées de Michel Foucault dans la culture arabe. Il joint à une histoire socio-politique de cette culture une critique qui vise à y établir les conditions d'une émancipation réelle, indépendante de l'actualité brûlante qui semble la rendre aujourd'hui impossible. Cette expérience de critique socio-politique développe en effet les critères d'une émancipation intellectuelle qui conditionne toute émancipation sociale.
(Coll. La philosophie en commun, 17.00 euros, 176 p.)
ISBN : 978-2-343-04092-9, ISBN EBOOK : 978-2-336-36304-2

DU FÉMINISME DANS L'ŒUVRE DE MICHEL FOUCAULT
A demain le bon sexe
Essai
Sastre Danièle
«Le sexe, disait Foucault, ça s'administre, la sexualité, ça se subit ; quant à la sensualité, elle est chaque jour à inventer.» L'auteur a voulu rouvrir le dossier, emprunter les chemins qu'il a tracés en 1976 en écrivant son Histoire de la sexualité, qui est l'histoire des discours sur la sexualité, eux-mêmes histoire des corps investis par le pouvoir.
(27.00 euros, 268 p.)
ISBN : 978-2-343-04763-8, ISBN EBOOK : 978-2-336-36305-9

GASTON BACHELARD, UNE POÉTIQUE DE LA LECTURE

Buse Ionel

L'éthique bachelardienne est une éthique simple, mais pas du tout simpliste : l'homme du théorème est complété par l'homme du poème. Mais, si l'éthique est une direction de la pensée qui doit maîtriser notre avenir, la poétique est la source ontologique de cette pensée. C'est-à-dire la liberté de rêver doit être à l'origine de la liberté créatrice de la pensée ou de l'homme des théorèmes. En fait, il ne s'agit pas d'une éthique fermée dans les modèles artificiels d'une pensée techniciste, mais toujours d'une éthique soutenue, à l'origine, par une poétique de la pensée ouverte.

(Coll. Ouverture Philosophique, 16.50 euros, 160 p.)

ISBN : 978-2-343-04292-3, ISBN EBOOK : 978-2-336-36292-2

HOMME (L') EST-IL UN ANIMAL POLITIQUE ?

Physique de la misanthropie, entre littérature et philosophie

Ainseba Tayeb

Le compartimentage disciplinaire hérité du XIXe siècle pousse à opposer les intentions esthétiques de la littérature au chemin vers la vérité que serait la philosophie. Cette opposition nie la possibilité d'une philosophie littéraire tant que, réduite à un dogme, elle n'est pas critiquée. Ce livre, plutôt que d'opposer la littérature et la philosophie, raconte ce qui les rapproche en prenant un thème qui leur est commun, celui de la misanthropie.

(30.00 euros, 298 p.)

ISBN : 978-2-343-04870-3, ISBN EBOOK : 978-2-336-36346-2

LOGIQUE ET RHÉTORIQUE SELON CHAÏM PERELMAN

ou le jugement partagé – L'éloquence de la raison

Melcer Jean-François

Des trois volets de l'oeuvre de Chaïm Perelman – la philosophie du droit, l'éthique et la logique – le troisième est le moins connu. Les précédents tomes de *L'éloquence de la raison* ont mis l'accent sur les deux premiers. Il s'agit, à présent, d'expliciter les conditions épistémologiques de possibilité de la nouvelle rhétorique, conçue comme logique argumentative, non comme technologie persuasive.

(Coll. Ouverture Philosophique, 31.00 euros, 304 p.)

ISBN : 978-2-343-04209-1, ISBN EBOOK : 978-2-336-36286-1

MERLEAU-PONTY - FREUD ET LES PSYCHANALYSTES

Le Baut Hervé

Le parcours de Maurice Merleau-Ponty ne peut se comprendre sans le fil rouge de la Psychanalyse : dès sa thèse, il restaure le primat de la perception et du corps sexué à la lumière de Freud et de Binswanger. A la Sorbonne, il renouvelle la Psychologie de l'enfant en y intégrant M. Klein, J. Lacan et F. Dolto. Au Collège de France plusieurs cours font des rêves et de la libido une dimension inéluctable de l'humain. De nombreux psychanalystes et psychiatres se sont « laissés interroger par lui « : citons : H. Ey, A. Hesnard, P. Fédida, A. Green, J. Laplanche, J.-B. Pontalis, Luce Irigaray…

(Coll. Ouverture Philosophique, 24.00 euros, 296 p.)

ISBN : 978-2-343-04080-6, ISBN EBOOK : 978-2-336-36381-3

L'HARMATTAN ITALIA
Via Degli Artisti 15; 10124 Torino

L'HARMATTAN HONGRIE
Könyvesbolt ; Kossuth L. u. 14-16
1053 Budapest

L'HARMATTAN KINSHASA
185, avenue Nyangwe
Commune de Lingwala
Kinshasa, R.D. Congo
(00243) 998697603 ou (00243) 999229662

L'HARMATTAN CONGO
67, av. E. P. Lumumba
Bât. – Congo Pharmacie (Bib. Nat.)
BP2874 Brazzaville
harmattan.congo@yahoo.fr

L'HARMATTAN GUINÉE
Almamya Rue KA 028, en face
du restaurant Le Cèdre
OKB agency BP 3470 Conakry
(00224) 657 20 85 08 / 664 28 91 96
harmattanguinee@yahoo.fr

L'HARMATTAN MALI
Rue 73, Porte 536, Niamakoro,
Cité Unicef, Bamako
Tél. 00 (223) 20205724 / +(223) 76378082
poudiougopaul@yahoo.fr
pp.harmattan@gmail.com

L'HARMATTAN CAMEROUN
BP 11486
Face à la SNI, immeuble Don Bosco
Yaoundé
(00237) 99 76 61 66
harmattancam@yahoo.fr

L'HARMATTAN CÔTE D'IVOIRE
Résidence Karl / cité des arts
Abidjan-Cocody 03 BP 1588 Abidjan 03
(00225) 05 77 87 31
etien_nda@yahoo.fr

L'HARMATTAN BURKINA
Penou Achille Some
Ouagadougou
(+226) 70 26 88 27

L'HARMATTAN SÉNÉGAL
10 VDN en face Mermoz, après le pont de Fann
BP 45034 Dakar Fann
33 825 98 58 / 33 860 9858
senharmattan@gmail.com / senlibraire@gmail.com
www.harmattansenegal.com

L'HARMATTAN BÉNIN
ISOR-BENIN
01 BP 359 COTONOU-RP
Quartier Gbèdjromèdé,
Rue Agbélenco, Lot 1247 I
Tél : 00 229 21 32 53 79
christian_dablaka123@yahoo.fr

641370 - Février 2016
Achevé d'imprimer par